자연언어학회 학술총서 ▣

# 국면과 접합면
# Phase and Interface

# 국면과 접합면
## Phase and Interface

김연승 · 박연미 · 서수현 · 최숙희

도서출판 동인

# 1장     서론

## 1. 최소주의적 접근

이 책에서는 최소주의의 국면과 접합면에 대한 기존의 주장들을 살펴보고 새로운 해석을 제시하고자 한다. Chomsky(1993)의 최소주의 프로그램(Minimalist Program: MP)에서 언어의 연산이 국면을 기반으로 분석될 때 생겨나는 기본적인 문제들을 다룬다. 이 책에서 다룰 문제들은 아래의 두 주제와 관련된다.

(1)    a. 통사적 연산과 의미해석 접합면의 상호관계: CI 체계와
        SM 체계
     b. 국면이론의 형식화

국면이란 논리형태(Logical Form: LF)와 음성형태(Phonetic Form: PF)라고 알려진 통사적 도출과 표시층위사이의 접합면과 관련하여 인간언어의 연산체계($C_{HL}$)를 만들어내는 방식이다. "국면"이란 개념은

Chomsky(2000)에서 처음 생겨났는데, 이것은 1998년 초부터 소논문의 형식으로 활발히 논의되면서, 학계에 널리 유포되었다. 초기의 개념은 Chomsky 자신의 후속 연구(Chomsky 2001, 2004, 2007, 2008)와 많은 다른 학자들의 논문 발표로 상당한 수정을 겪게 되었다. 국면에 대한 핵심 개념은 통사적 연산의 특정 하위구조가 통사부 연산 과정이나 의미 접합면의 해석과정에서 중요한 역할을 한다는 것이다.

하지만 언어의 연산체계와 해석적 접합면간의 관계에 관하여는 문제들이 해결되어야 한다. 예를 들어, 문자화(Spell-Out) 운용이 정확히 무엇을 하는가? 문자화가 얼마나 자주 그리고 언제 적용되며 어떤 구조에 적용되는가? 형태론과 음운론은 어디서 나타나기 시작하는가? LF와 PF라는 두 표시층위는 충분한 것인가? 통사론과 음운론의 상호작용은 형식적으로 어떻게 표시될 수 있는가? 무엇을 국면으로 하는 것이 언어이론의 문법모델에 적합한가? 이 책에서는 이러한 문제들을 다룬다.

최소주의적 접근의 주요 사항들을 접합면 문제와 연관된 언어이론으로 논의하기에 전에, "접합면"이라는 용어가 여기서 어떻게 사용되는지 자세히 조사해 보자. Grohmann(2007a, 2007b)에서는 다소 주관적으로 논의된 것처럼, 언어학적 접합면(linguistic interfaces)과 조합적 접합면(modular interfaces)이라는 두 가지 형태의 접합면이 있다는 것은 논쟁거리가 될 수 있다. 조합적 접합면은 별도의 모듈간의 상호작용 또는 문법요소들 간의 상호작용으로 이해되는 접합면을 설명할 때 사용된다. 예를 들면, 통사론-의미론 접합면 혹은 통사론-음운론 접합면에 관한 연구는 상당히 많이 이루어져서 부족함이 없다. 만일 LF가 지시적 신호를 사고체계에 보내는 표시층위이고, 그 사고체계는 언어표현의 의미를 해석하고 언어의 의미측면을 포착한다면, 통사론-의미론 상호작용에 관한 연구는 접합면과 관련된 것으로 간주될 수 있다. 또한 음운론이 언어의 '소리측면', 즉 감각동작체계에 관련된 것이고 더 나아가 PF로 알려진 표시층위와 관련된 것이라면, 통사론-음운론의 상호작용에 대해서도 같은 원리가 적용될 수 있다. 같은 원리는(어휘부를 포함하는) 형태론, 화용론(담화, 정보구조 등) 등에 관계하는 모든 조합에도 적용된다. 접합면에 관한 그런 관점은 두 개 이상의 문법요소 사이에 공통된 특성과 차이에 중점을 두고 있다. Ramchand & Reiss(2007)에서는 더 많은 논의를 제공하고 있고, 음성학과 음운론, 형태론과 통사론 사이의 상호작용도 연구되고 있다.

하지만 접합면에 관한 연구는 소리와 의미 접합면 체계의 개념적-구조적 특성에 관해 심오한 것을 찾으려고 시도하는 것과 관련될 필요는 없다. 즉, 언어 특성들을 언어를 생성하거나 처리하는 두뇌에 보내는 신호로 "바꾸는" 체계일 필요는 없다는 것이다. 이것은 조합적 접합면에 의해 행해지며, 최소주의의 LF와 PF에서 입증되고 있다. 접합면 층위인 LF와 PF는 Chomsky(1955)의 공식적인 의미로 표현체계이다. 이는 Chomsky(1975)와 Uriagereka(1998, 2008a)에서도 찾아볼 수 있다. 이와 같은 관점에서, 통사부에서 만들어진 구조는 각각 의미부와 음성부로 이동한다. 그리고 그들의 산물로 LF와 PF 접합면 층위를 만들어 내며, 이 단계들 역시 여기서 이론적으로 또 실증적으로 연구되고 있다. 최소주의에서는 사고의 외부체계와 감각동작체계가 접합면에서 이러한 표시층위를 읽어낸다고 간주한다.

이 책에서는 주제의 핵심으로 여겨지는 일부 특정한 질문들을 소개한다. 주로 개념적 문제들을 논의하는데, 최소주의의 이론적 체계와 국면이론의 체계를 그려내면서, 또한 실증적 논의도 제공한다. 여기서 되풀이 되는 한 가지 양상은 접합면 해석의 LF부문으로 개념-의도적 체계의 속성이다. 두 번째는 조음(articulatory) 문제에 관한 것으로, 문자화 적용시점과 통사론과 음운론의 사상(mapping)에 초점을 두고 있다. 이와 같이 접합면 해석의 PF부문과 감각동작체계의 속성을 다룬다. 또한 세 번째는 주로 순서화 문제로 선형화 경우를 조사해 본다. 마지막에서는 국면이론에 관한 Chomsky 연구를 보다 폭넓은 관점으로 제시하며 강력최소주의 하에서의 국면의 개념을 자세히 살펴본다.


## 2. 이론적 동향

이 책에서는 주로 개념적 문제들에 관한 논의를 다루어 본다. 즉 일반적으로 최소주의의 이론적 체계와 특정하게 국면이론의 이론적 체계를 기술하고 있다. 반복되는 양상은 접합면 해석의 LF 부문인 개념-의도적 체계의 속성과 어떻게 그것이 통사적 연산에 의해 제공되는가 하는 것이다. 최소주의 프로그램(MP)은 현재 문법에서는 주도적인 접근방식이며, 최소한 Chomsky(1993)까지 거슬러 올라갈 수 있고, 아주 초기에는 강연이나 원고 형식으로 유포되었던 것이었다. 지나간 15년간의 이론적 발전에는 두 가지 큰 흐름이 있다. 하나는 Chomsky(1995)에서 공식화된 최소주의이고, 다른 하나는 Chomsky(2000)와 그 후속 연구이다. 전자는 중심이 되는 점검이론(Checking Theory)을 받아들이는 이론으로 구분될 수 있고, 후자는 국면이론(Phase Theory)을 발전시키는 것으로 구분될 수 있다.

여기서 점검이론과 국면이론으로의 구분은 다음과 같은 의미로 사용된다. 점검이론은 전체적인 도출(derivation)을 고려하고, 이동은 자질주도적(feature-driven)이며 지정어-핵(Spec-Head) 형상에서 형식자질들을 점검하기 위한 연산적 필요에 의해 작동된다고 가정하는 것이다. 점검은 무엇이 그 과정을 주도하는가에 따라 두 종류가 있다. 하나의 가능성은 출처 주도적 점검(source-driven checking)이며, 다른 하나의 가능성은 상위의 기능적 요소가 끌어당김으로써 자질인허(feature licensing)를 만족시키는 과정, 즉 목표물 주도적(target-driven)인 유인(Attract)이다.

반면에 국면이론은 지정어-핵의 구조적 형상을 제거한다. 지정어-핵의 구조적 형상은 최소주의 접근법으로 불릴 수 있는 것보다 훨씬 더 오랫동안 생성문법의 주요 속성이 되어왔다. 따라서 점검이론이 일치(Agree) 운용으로 대체되는데, 그것은 일반적으로 볼 때 상위의 기능핵인 탐색어(probe: P)와 하위의 언어표현인 목표어(goal: G) 사이에 생겨난다. 일치가 P와 G사이에서 일어나도록 하기 위한 형식적인 관계는 성분통어(c-command)이다. P가 G를 성분통어할 때, P는 G와 일치관계에 있게된다. 기타 관련양상은 자질해석성(feature interpretability)과 국부성의 개념과 관련되며, 이는 속칭 "활성화(active)"로 표현된다. 어떤 요소가 탐침(Probe)으로 활성화되기 위해서는 아직 값이 정해지지 않은 비해석적(uninterpretable) 자질을 가지고 있어야 하며, 어떤 요소가 목표(Goal)되려면, 어떤 면에서는 분명 활성화되어야 한다. "비해석적"이란 자질이 값을 얻고 삭제될 필요가 있다는 것을 의미한다. 다시 말해서, 그것이 접합면상에서는 해석될 수 없기 때문이다. 적절한 목표가 되려면 그 요소는 탐색하는 요소의 비해석성 자질에 부합하는 해석성 자질을 가지고 있어야 한다. 즉 비해석성 자질 [uF]를 가진 P는 그에 부합하는 해석성 자질을 가지고 있는 활성화된 G를 성분통어 해야만 한다.[1] 활성화되기 위해서는 전문적인 의미로 접근가능해야 하고 같은 국면에 있어야 한다. 그리하여 국면이론이 나오게 된다.

국면이론의 초석은 통사적 도출이 국면에서 국면으로 이루어진다는 가설에 있다. 통사구조의 작은 덩어리를 쌓아 올리면서, 여러 번의 단계로 그 통사구조를 평가하고 난 후, 어휘배열(lexical array)이나 배번집합(numeration)이 다 없어질 때까지, 지속적으로 그 다음 관련된 덩어리를 만들어 나간다는 것이다. 국면이론의 이면에 있는 타당한 근거를 입증하고 여기에서 발생한 문제들을 다루기 위해서 기존의 문법이론들이 발견한 핵심개념만 중점적으로 살펴볼 필요가 있다.

최소주의가 처음에 시도했던 문법의 구조설계 유형은 Chomsky(1981)의 지배결속이론(Government-and-Binding Theory: GB)이다. GB이론은 4개의 표시층위와 그들의 상호작용으로 구성되어 있으며, 각 표시층위에는 수많은 특정한 여과와 제약들이 존재한다. D-구조(투사원리)는 S-구조(α-이동)를 끌어내고, 그 다음 S-구조는 나뉘어져 의미적 해석(LF)과 음성적 출력(PF)에 이르게 된다. (하위인접조건, EPP와 같은)

---

1) [uF]는 Pesetsky & Torrego(2001)의 용어이다.

특정 조건들이 적용되고, (의미역이론, 격여과, PRO이론 등과 같은) 개별 모듈은 각각의 표시층위에서 만족되어야 한다. 대조적으로 전통적인 최소주의 구조는 그림 (2)와 같이 D-구조와 S-구조 층위를 제거한다. 어휘부(LEX)는 자유롭게 병합(Merge)과 이동(Move)의 배치를 허용하는 통사적 도출을 직접 이루어내는데, 위에서 간단히 언급한 점검이론 대 일치(Agree)와 같은 형식적 특성의 인허기제와 기타 해석상의 조건들에 따라 이루어진다.

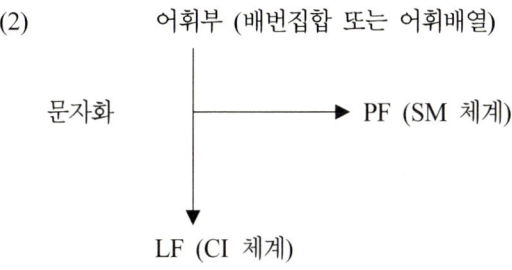

(2)    어휘부 (배번집합 또는 어휘배열)

문자화    ──────────▶ PF (SM 체계)

LF (CI 체계)

여기에서 문자화 운용은 다음 절에서 다루어지는데 주목할 만한 것이다. 이 외에도 표준적 최소주의 논증에서는 개념적 필연성(conceptual necessity)을 따르거나 국면이론에서 접합면 조건(interface condition)이라고 불리는 필수출력조건(bare output condition) 범주에 속하는 실체들만이 문법에 존재해야 한다고 주장한다. 표시층위처럼 현실에서는 존재하지 않고 이론상 편리성을 위한 가공물(artifact)은 완전히 제거하는 것이 이론적 발전을 위하여 유리하다. LF와 PF는 분명히 접합면 조건인 반면, LEX는 인간 정신/두뇌 속에 있는 어휘항목과 기능요소들의 집합으로 틀림없이 개념적으로 필요하다. 앞서 언급했듯이, 이들은 관련된 언어-외적체계가 읽어내는 언어의 표시층위들이다. 아리스토텔레스가 말했듯이 언어는 소리와 의미의 쌍이라는 정의가 진리라고 보고 그 정의에서 출발해보자. 이 층위들은 Chomsky(1995)가 개념-의도적(conceptual-intentional: CI) 체계와 조음-지각적(articulatory-perceptual) 체계로 부르다가 최근 감각동작(sensorimotor: SM) 체계로 더 잘 알려진 것이다. 소리와 의미를 각각 담당하는 접합면은 이론상의 허구가 아니며 인간의 뇌에 분명히 실제로 존재하는 자연적 물질이자 현실적 실체이다. 그런 의미에서 소리와 의미를 담당하는 두 개의 접합면은 개념적 필연성(conceptual necessity)을 가지고 있다. 만일 어떤 층위에서 언어가 π는 음성적 결과이고 λ는 의미적 결과인 쌍 <π, λ>이거나 쌍 <Phon, Sem>으로 표현되는 그런 쌍이라면, 소리와 의미는 어떤 식으로든 표시되어야 하며, 인간의 신경세포는 이러한 작업을 통하여 언어를 생성한다.

CI 체계가 개념적으로 필요하다는 가설 안에서 연구하는 Takashi Munakata는 CI 체계를 하나의 통합된 체계와는 다르게 개념체계(Conceptual-System)와 의도체계(Intentional-System)로 나누고, 이 두 체계가 언어능력(FL)과 접속한다고 주장한다. 그는 또한 이러한 체계들이 부과하는 접합면 조건들이 수많은 기타 통사적 특성들과 기제들을 통제한다고 주장한다. 기타 통사적 특성들과 기제에는 A/A' 구분, 어휘요소와 기능요소의 차이, 의미역 특성, 또는 의미론의 이중 속성과 같은 것이 속한다. Munakata와 Chomsky를 비교하면, Chomsky는 출력(output)을 중심으로 이론설계를 한 반면에 Munakata는 입력(input)을 중심으로 이론을 구성했다는 것이 다르다.

국면이론에서 기본적인 최소주의 가정들과 용어에 대한 간단한 설명을
계속하기 위해, 연산체계는 근본적으로 어휘부에서부터 표현의 LF 표시
까지 항목을 상세히 그려낸다. 우리는 이것을 협의의 통사론(Narrow
Syntax)이라고 부른다. 이러한 사상(mapping)은 Chomsky(1995)의 초
기 최소주의 접근에서처럼 하나의 고유한 배번집합이거나 Chomsky
(2000)의 현재 구-기저 모형에서처럼 여러 어휘(하위)배열에서 만들어진
다. 전이(Transfer)의 하위적용이라고도 할 수 있는 문자화는 모든 비해
석성 자질이 인허된 다음, 협의의 통사론 안에서 연산된 도출에 적용되
는 운용이다. 그것은 도출 또는 구(phrase)라고 불리는 관련 하위부분을
읽을 수 있는 표시를 얻기 위해 음운조작이 일어나는 PF로 보낸다. 추
정컨대 PF출력에 영향을 주지 못하지만 언어적 표현의 의미와 상응하는
고유한 LF표시를 얻기 위해서, 그 도출은 계속된다. 최종 결과로서 Exp
= <Phon, Sem>(또는 초기 표기로 <π, λ>)와 같은 쌍으로 이루어진 표
현이 나온다. 최근 연구에서 문자화는 특히 주목을 받아왔고 이론적 발
달에서 핵심적 역할을 하고 있다.

언어학 이론은 무엇보다도 인간언어의 이러한 고유한 특성들을 설명하
고 살필 수 있어야 한다. 그러한 언어의 네 가지 특성은 다음과 같다.

    (3)  a. 비해석적 형식자질의 존재
          b. 위치이탈(dislocation) 효과
          c. 형태-통사론적 범주의 교차언어적 유연성
          d. 교차언어적 변이

교차언어적 변이는 지금까지 명백한 설명이 없고 언어의 불완전성 (imperfection)으로 남아 마구잡이로 섞인 형태이다. (초)강력최소주의 (Strong(est) Minimalist Thesis)의 기본 개념 중 하나는 언어가 소리와 의미를 연결하는 임무에는 완전한 해법이라는 생각이다. 다시 말해서, 이러한 관점으로 보면 언어는 CI와 SM 체계인 정신적 조합에 의해 언어능력에 부여되는 조건들을 설명할 수 있는 최상의 해법이라는 것이다.

하지만, Zeijlstra(2009)는 언어가 완전하다는 생각은 문법에서 발견되는 여러 모순관계에 있다는 착각에 빠질 우려가 있다는 점을 지적한다. 그는 위에 언급된 네 가지 특성들은 언어적 불완전성이 아니라, 사실 완전성가설(Perfectness Hypothesis)에 의해 예측될 수 있는 것이라고 주장한다. 구체적으로 말하면, 언어능력에 의해 부과되는 여러 가지 조건들이 항상 양립할 수 있는 것이 아니므로, 언어능력은 이러한 상반되는 접합면 조건에 다양하고도 최적의 해결책을 제시할 수 있다는 것이다. 그리하여 그는 상반되는 접합면 조건의 중요성을 논의한다. 다시 말해서, 한 가지 접합면 조건에 대한 완전한 해결책이라는 의미는 다른 접합면 조건이라는 입장에서 보면 오히려 문제가 더 악화되는 효과를 낳을 수 있다는 것이다. 따라서 접합면 조건들에 완전한 해결책은, 기타 접합면 조건들과는 상충되므로, 일방적으로 편향된 완전성을 버리고 어느 정도 불완전하지만 전체적으로 보면 균형이 잡힌 최적의 방안을 찾아야 한다. 다시 말하면 인간언어에서 덜 완전한 것이 가장 최적의 균형점이며 가장 완전한 것이므로 완전성과 불완전성은 사실상 동전의 양면처럼 하나로 수렴되며, 모순관계를 일으키지 않는다. 인간언어는 진화의 과정에 있고 항상 변화하는 것을 기본적 속성으로 한다. 변화는 불완전성을 필요로 한다. 그러면서도 동시에 인간언어는 현재의 기능적이며 도구적 필요성을 충족하며, 소리와 의미의 접합면이라는 의미에서 완전하다. 따라서 불완전한 현상들이야말로 인간언어와 인간진화의 고유한 특징이며, 또한 완전성가설과 충돌하지 아니하고, 오히려 하나로 통합이 가능하며 자연계에 실재하는 당연한 현상들이다. 이러한 특징은 앞서 언급한 완전성가설에서 동떨어진 것이 아니라, 오히려 완전성가설을 자세히 들여다보면 부수적으로 파생되는 인간언어의 특징이며 끊임없는 변화인 진화의 특징이다.

# 2장

# 국면에 대한
# 두 가지 견해와 통합안

## 1. 국면의 개념

Chomsky(MI, DbP, BEA, OP)는,[2] 접합면으로의 주기적 전이(cyclic transfer)가 강력최소주의에 부합하는 동시에 잘 고안된 언어체계의 특성이라고 주장하였다. 주기적 전이의 단위는 바로 국면이다. 국면은 적어도 다음 두 가지 면에서 통사부(syntax)와 외부체계(external systems) 사이의 사상(mapping)의 효율성을 최적화한다. 하나는 국면이 도출적 정보의 주기적 잊어버림을 통해 연산적 부담을 줄여준다는 점이다. 다른 하나는 국면이 접합면으로의 주기적 전이를 가진 단주기(single-cycle) 생성을 선호하여 잉여적 내부층위(internal levels)와 복합주기(compositional cycle)를 제거한다는 점이다. 이러한 개념적 논지를 받아

---

2) 지시의 편의상 앞으로 MP는 Chomsky(1995)를, MI는 Chomsky(2000)을, DbP는 Chomsky(2001)를, BEA는 Chomsky(2004)를, OP는 Chomsky(2008)을, AUGB는 Chomsky(2007)을 가리킨다.

들이면, 국면이라는 개념이 꼭 필요하다. 즉, 국면은 언어능력의 원칙에 근거한 특성이다. 그렇다면 국면은 어떠한 형태를 띠어야 하는가 라는 질문이 생긴다.

국면에 대한 Chomsky의 생각을 준수하는 선에서 지금까지 두 가지 제안이 만들어졌다. 처음에는(MI를 의미함) 어휘적 하위배열(lexical subarray)이 국면으로 생각되었다. 그러나 Chomsky(OP, AUGB)는 좀 더 최근에 하위배열이라는 개념을 포기하고, 비해석성 굴절자질의 위치 (locus)와 도출의 엔진으로서의 국면 핵 자체의 주된 역할에 초점을 맞추었다. 이 두 가지 대안 중에서, 후자의 입장이 강력최소주의에 더 부합하면서 국면이라는 좀 더 단순하면서도 덜 인위적인 개념에 도달하게 된다. 먼저 국면불가침조건(Phase Impenetrability Condition: PIC)에 대해 생각해보자. 국면 층위에서 국면범주(CP/vP) 전체를 전이시키는 경우에는 하위 국면을 넘어서는 연속적 도출이 배제된다는 점에서, PIC는 "의미있는 주기적 연산(meaningful cyclic computation)"이라는 Chomsky 개념의 필연적 결과이다. 그렇지 않을 경우, 국면 밖으로의 이동은 금지될 것이고, 국면 핵에 있는 가장자리 자질 EF는 그 다음 선택에 접근가능하지 않을 것이며, 값이 정해지지 않는 일치자질 uF 때문에 모든 국면에서 파탄이 일어나게 될 것이다. 대규모 과소생성 (undergeneration)을 피하기 위해 가장자리라는 개념이 암시된다. 그리고 이를 통해 국면 내부의 uF와 국면 핵의 EF의 통사적 생명(즉, 접근가능성)이 연장된다. 간단히 말해, 국면 가장자리라는 개념은 국면의 잊어버리기 개념에 근거하여 저절로 생기게 된 것이다.

국면을 하위배열로 보는 견해에서는, 가장자리가 PIC 자체의 정의에 직접 표현된 많은 특징 중 하나였다. 따라서 MI와 DbP의 형식적 기술 (formulation)에서 PIC는 자의적이고 약정적(stipulative) 냄새를 풍긴다.[3] 가장자리의 특정형태를 구체적으로 언급하는 것 외에도, MI/DbP 에서의 하위배열에 근거한 국면 이론은 PIC나 다른 진술들을 기술할 때 국면의 많은 다른 중요한 특징들을 자의적으로 규정한다. 탐침의 탐색 공간(search space) 크기, 전이되는 단위(국면 영역)의 크기, 가장자리의 접근가능성, 하위국면 영역의 전이시기, 국면 핵의 신분(C나 v 같은) 등 이 바로 이러한 자의적 특징들이다. OP에서의 수정된 국면 이론이, 주기적 전이의 특징들에 대한 명확한 진술이 전혀 필요하지 않을 수 있는 정도로 PIC를 단순화할 뿐만 아니라 하위배열이라는 개념을 없애는 등, 추가적 약정 없이도 잘 진행될 수 있다면, 국면 이론의 더 단순한 방안 으로 선호되는 것은 지극히 당연하다고 하겠다.

Richards(2011)는 OP에서의 수정된 국면 이론이 하위배열적 개념에 근거한 초기 국면 이론보다 훨씬 낫다는 결론에 도전한다. 그는 국면의 하위배열적 개념이 개념적으로 전혀 열등하지 않다는 것을 보이고, 국면의 하위배열적 개념을 포기하기 전에 그 특징과 암시하는 바를 좀 더 자세히 살펴볼 필요가 있다는 것을 보임으로써 국면과 주기적 문자화의 주요한 특성들을 자의적으로 규정하는 대신 어떤 원칙으로부터 체계적 으로 도출될 수 있는 방안에 대해 논의한다. 즉, 가장자리의 특정형태를 비롯하여 하위배열에 근거한 MI/DbP 이론의 모든 약정적 특성들이 국

---

3) 이 논의에 관해서는 Abels(2003)과 Boeckx & Grohmann(2007) 참조.

면의 하위배열에 관한 단 한 가지 가정, 즉 국면은 국면 핵과 비국면 핵의 쌍별 구성(pair composition)으로 이루어진다는 가정으로부터 추론될 수 있다는 것을 밝힌다. Richards의 주장이 옳다면, 이전의 약정적 특징들이 강력최소주의 하에 필요한 핵심과 조화를 이루게 되는 최대한도로 단순한 PIC에 도달하게 된다. 따라서 두 가지 접근방법(하위배열, 강력한 국면 핵)은 개념적으로 동등한 기반에 서게 된다. 두 접근방법은 국면의 쌍별 구성 면에서 비슷하게 합치되지만, 기본적으로 양립불가능한 것으로 판명된다. 따라서 경험적 증거에 근거하여 두 접근방법 사이에 선택이 이루어져야 한다. 우리는 국면과 주기적 문자화에 관하여 Richards(2011)의 논의과정을 자세히 설명함으로써 국면에 대한 Chomsky의 약정적 특성들이 어떻게 보완될 수 있는가에 대해 알아보고자 한다.


## 2. PIC에 대한 두 가지 방안

Chomsky의 처음 생각대로(MI:106ff), 국면은 배번집합의 하위배열이고 따라서 외부병합에 대해 "닫힌 체계(closed system)"를 만들어낸다. 다시 말해 국면적 배열은 병합이 이동보다 먼저 적용되어 MOM효과가 나타나는 영역을 정의해준다.


   (1)   a.  *There is likely [α a proof to be discovered (*a proof*)].

           b.  There is a possibility [α that proofs will be discovered (*proofs*)].

           c.  Which article is there some hope [α that someone will

read (*which article*)]?

MOM이 전체 배번집합에 대해 정의된다면, 내재논항(a proof/proofs/which article)의 이동은 위 세 문장 모두 똑같이 α 단계에서 허사병합의 가능성에 의해 막혀질 것이다. 그러므로 Chomsky는 도출의 활성화된 작업공간에 놓여지는 것은 배번집합의 부분집합(즉, 어휘적 하위배열, LA)이라고 제안한다. 하나의 LA가 소진되고 나면 그 다음 LA가 배번집합으로부터 꺼내져서 활성화된 기억에 놓여진다. 이런 식으로, (1b,c)에서, (1a)에서는 아니고, α가 도출의 그러한 국면을 형성하게 되는 한, (1a)와 (1b,c)의 차이는 저절로 따라나오게 된다. 그러므로 $T_{def}$((1a)에서의 α)는 별도의 LA를 형성하지 못하고, C((1b,c)에서의 α)는 별도의 LA를 형성하게 된다. 결국 (1b,c)에서는, (1a)와 달리, α가 만들어지는 적절한 작업공간으로부터 허사가 배제되는 것이 가능하다. 반면에 전체 구조가 하나의 국면(a single LA)이라면 MOM 효과는 (1a)에서만 나타난다.

다음 질문은 국면이 어떻게 정의되느냐 하는 것이다. Chomsky (MI:106, DbP:12)는 접합면에서의 독립성(independence)이나 명제성(propositionality)과 같은 기준을 제시하므로, C(P)와 $v$(P)가 국면이 된다. $v$P는 완전논항구조에 해당하고, CP는 시제와 유형성(force)을 포함하는 완전절(full clause)이다.[4] 각각의 국면적 LA는 오직 하나의 국면핵(C나 $v$)을 포함하는 것으로 가정된다. 이러한 식의 국면성(phasehood)

---

4) 여기서 유형성(force)란 문장의 유형을 결정하는 의문, 명령, 청유, 서술 등의 정보를 가리킨다.

정의에 있어서 가장 큰 문제는 국면으로 정의되는 개체(즉, CP/$v$P)와 실질적으로 문자화되어 접합면에서 독립적인 범주로 정의되어야 하는 개체(즉, TV/VP) 사이의 불일치인데, 이 문제를 비롯하여 그 외 널리 언급되는 문제들을 일단은 제쳐두고 한 가지 주요한 문제를 살펴보자. 이 주요한 문제는 수동/비대격 $v$가 타동 $v$*와 더불어 국면을 형성하는 것으로 여겨져야 하는가라는 질문이다. 허사-관련명사구 구문에서의 장거리 일치의 가능성은 수동/비대격 $v$가 국면을 형성할 수 없다는 것을 보여준다.

Chomsky의 생각대로, 국면(C와 $v$)이란 접합면 부문이 지금 존재하는 통사체에 접근하여 평가하는 지점을 나타낸다. 그럼으로써 이전 국면의 영역(즉, 보충어)을 PIC에 부합하여 또 다른 운용에 접근가능하지 않도록 만든다. PIC에 관해서 두 가지 다른 안이 Chomsky에 의해 제안되었다. MI:108에 주어진 처음 정의는 다음과 같이 기술된다.

  (2)  국면불가침조건 (MI 안: PIC₁)
       핵 H를 가진 국면 α에서, α 밖의 운용은 H의 영역을 접근
       할 수 없다. 그러한 운용은 오직 H와 그 가장자리만을 접근
       할 수 있다.

이러한 정의는 (3)과 같은 탐색공간 패턴을 낳는다. (국면 핵은 밑줄을 치고, H를 선택하는 비국면 핵인 X의 탐색공간은 굵게 견고딕체로 표기함.)

(3)  비국면 핵인 X가 이용 가능한 탐색공간

$\underline{Z}$ [$_{XP}$ ... X [$_{HP}$ ... $\underline{H}$ [$_{YP}$ ... Y [$_{WP}$ ... $\underline{W}$ ...]]]]

즉, 국면 핵 H의 영역(= YP)은 HP가 완성되자마자 문자화된다. 다음 핵(X)이 병합되면 YP(와 그것이 포함하는 모든 것)는 X에 있는 탐침에 의한 탐색에 접근가능하지 않게 된다. 핵심기능범주인 C-T-$v$를 핵 Z-X-H로 대체해보면, T(=X)가 국면 $v$의 보충어(즉, VP) 속을 볼 수 없다는 것을 의미한다. 결과적으로 (4)와 같은 존재구문에서 T-관련명사구 *a man* 사이의 일치현상은 비타동(nontransitive) $v$가 국면을 이루지 못한다는 것을 보여주는 것 같다.


(4)  a.  There T [$_{v/VP}$ arrive [$_{DP}$ a man]].

  b.  Agree(T, *a man*) → [T$_{[\phi, \text{(EPP)}]}$ ... DP$_{[\phi, \text{(Case)}]}$]


수동/비대격 $v$P가 국면이라면 Agree(T, *a man*)는 막혀져야 한다. 왜냐하면 그것이 하위 국면 속으로의 Agree를 포함하기 때문이다. 따라서 Chomsky에게 있어, 비타동 $v$는, 타동 $v$*와는 달리, 국면이 아니다.


그럼에도 불구하고 이러한 결론에 대한 여러 반대가 있을 수 있다. 첫째, $v_{\text{def}}$(즉, 수동/비대격 $v$)가 PIC의 견지에서 타동 $v$*와 같은 식으로 행동한다는 많은 경험적 논쟁들이 있다. $v_{\text{def}}$는 $v$*와 마찬가지로 중간 국면 가장자리의 특징인 재구위치를 제공하고(Fox(2002), Legate(2003) 참조), 동사와 목적어의 재배열에 있어 다른 국면간의 이동과 같은 자유로움을 허용한다(Richards(2004, 2007)). 둘째, 수동/비대격 $v$P는 $v$*P와 마찬가지로 의미적-음성적 통합을 가져서, 국면성에 대한 명제성 기준을 만족하는 것으로 보아야 한다(Richards 2004, Epstein 2007). 그러한 이유로 Chomsky(DbP:12)는 강국면과 약국면의 구분을 도입한다. 약국면은 명제성 면에서는 국면이지만, PIC하에서 문자화의 지점을 결정하는 데에는 카운트하지 않는다. 따라서 C와 타동 $v*$는 강국면이고, 수동/비대격 $v$는 약국면이다.

그러나 이러한 새로운 구분은 여러 가지 면에서 의심스럽다. 한 가지는 이 구분이 위에 언급한 경험적 현상(재구, 선형화 등)에서 $v_{def}$와 $v*$사이의 서로 공유하고 있는 행동을 설명하지 못한다는 것이다. 더구나 이러한 추가적 강/약 구분도, quirky 주어와 주격 목적어를 포함하는 아이슬랜드어 구문에 적용되는 것과 같은, 강국면 경계를 넘는 Agree를 허용하기에 충분하지 않다. 다음 (5)를 살펴보자. 여기서 T와 제자리 주격 목적어 사이의 수일치는 강국면 $v*$를 넘어서는 T-Agree를 나타낸다.

(5) 아이슬랜드어의 DAT-NOM 구문
   a. Her-DAT T [$v*_P$ bored-3PL [$_{DP}$ they-NOM]].
   b. Agree(T, *they*) → [T$_{[\phi, (EPP)]}$ ... DP$_{[\phi, (Case)]}$]

그러한 Agree를 허용하기 위해 Chomsky(DbP)는 국면 핵만이 문자화의 방아쇠 역할을 한다(HP의 전이는 X/T에서가 아니라 Z/C에서 일어난다)는 식으로 PIC에 대해 MI안의 수정안을 제안한다. 적절한 정의를 살펴보면 다음 (6)과 같다.

(6) 국면불가침조건 (DbP 안: $PIC_2$)

[$_{ZP}$ Z ... [$_{HP}$ α [H YP]]], H와 Z는 국면 핵이다.

위와 같은 구조에서 ZP에서의 운용은 H의 영역을 접근할 수 없다. 그러한 운용은 오직 H와 그 가장자리 α만을 접근할 수 있다.

(7) 비국면 핵인 X가 이용가능한 탐색공간

$\underline{Z}$ [$_{XP}$ ... X [$_{HP}$ ... $\underline{\mathbf{H}}$ [$_{YP}$ ... Y [$_{WP}$ ... $\underline{\mathbf{W}}$ ...]]]]

(7)과 (3)의 비교를 통해 쉽게 알 수 있듯이, 다음 (강)국면까지 전이를 지체시키는 효과는 비국면 핵(X=T)의 탐색공간이 확대되는 것이다. (2)/(3) 하에서는 T가 VP에 접근가능하지 않지만, 이제 T는 V의 보충어 속을 들여다볼 수 있다. 따라서 (6)/(7)은 T가 V의 내재논항을 접근 가능하도록 만든다. Richards(2004)가 지적한 것처럼, $PIC_2$는 이미 의심스러웠던 강/약의 구별을 개념적으로 잉여적인 것으로 만든다. (4)와 (5)는 $PIC_2$하에서는 동일한 형상을 구현하므로, 수동/비대격 $v$P는 결국 (강)국면이 될 수 있다. 따라서 $PIC_2$가 경험적 근거 면에서 더 선호된다.

그러나 $PIC_2$보다 $PIC_1$을 유지해야 하는(아니면 둘 다를 거부해야 하는) 개념적 이유를 찾아볼 수 있다. 첫째, Müller(2004)가 주장하듯이, $PIC_2$는 $PIC_1$보다 더 약한 형식적 기술인 것 같다. 왜냐하면 그것은 X의 탐색공간을 증대시켜 활성기억 속에 더 오랫동안 간직되어야 할 구조의 양을 증대시키기 때문이다. 국면에 대한 주요한 개념적 주장은 연산체계로 하여금 도출정보를 주기적으로 잊어버리도록 허용함으로써 (BEA:4, OP:9를 보라) 연산부담을 줄여준다는 것이다. 그러므로 PIC를 이런 식으로 약화시키는 것은 국면을 처음에 도입하게 된 이론적 근거를 약화시키는 것이 된다.

좀 더 일반적으로 말해, 국면과 PIC(즉, 주기적 전이)는 SMT를 준수하는 것으로 여겨진다. 이것은 국면과 PIC가 접합면으로의 사상을 (운용적 복잡성을 줄임으로써) 용이하게 하고 최적화해야 한다는 것을 의미한다. 그런 만큼 PIC는 자연스럽고 필요한 원리의 지위를 가져야 한다. 그런데 PIC의 두 가지 상당히 다른 형식적 기술이 존재한다는 것은 이러한 것과는 맞지 않는다. 적어도 이상적으로는 그러한 모호함의 여지가 있어서는 안 된다. 왜냐하면 그러한 두 가지의 PIC는 더 깊은 개념적 결함을 감추고 있을 수도 있기 때문이다. 그렇다면 어떤 면에서는 두 가지 형식적 기술이 동일하게 최적적인가? 그럴 것 같지는 않다. 왜냐하면 어떤 개념의 PIC와 국면의 가장자리가 SMT로부터 나온다는 것이 사실이라 하더라도 현재의 형식적 기술((2)와 (6))은 여러 약정을 포함하고 있기 때문이다. 다음 (8)은 이러한 약정적 특징들을 열거한 것이다.

(8)  a. 비국면 핵((2)/(6)의 X)의 탐색공간의 크기
     b. 문자화된 단위(국면의 영역)의 크기
     c. 가장자리의 크기와 접근가능성
     d. 하위국면 영역((2)/(6)의 HP)의 문자화 시기
     e. 국면 핵(C와 $v$같은)의 신분 (이것은 (2)/(6)으로부터 나오는 것이 아니라 "명제성"/"접합면 독립성" 기준 같은 독립적인 결정방식을 요구한다.)

국면/PIC가 최적적으로 고안된 언어체계의 필수불가결한 특성이라면, PIC를 정의하는데 왜 그렇게 많은 주요한 특성들이 약정적으로 규정될 필요가 있는가? 수많은 학자들이 지적하였듯이, 그러한 체계는 너무 자의적인 냄새를 풍긴다(Abels(2003), Boeckx & Grohmann(2007) 참조). 그렇다면 최소주의 입장에서 해야 할 일은 이러한 약정적 측면들을 PIC의 필요한 핵심과 조화시키는 것이다. Richards(2011)는 국면과 주기적 문자화의 주요한 특성들을 직접 규정하는 것 대신에, (8a-e)가 어떻게 비자의적이고 비약정적 원칙화된 체계로부터 자유롭게 도출될 수 있는가를 밝힌다. 이에 대해 자세히 알아보자.

## 3. 통합 PIC

우선 PIC의 정의에 있어서 왜 하나의 미결정사항(즉, $PIC_1$과 $PIC_2$의 양립)이 있어야 하는지 살펴보자. 편의상 (9)에 반복기술되는 두 가지 정의는 비국면 핵 X(=T)에 있어 이용 가능한 탐색공간의 차이를 만든다.

(9)  다음과 같은 구조에서: [$_{ZP}$ Z [$_{XP}$ X [$_{HP}$ α [H YP]]]], H와
     Z는 국면 핵이다.
  a. PIC (MI 안: $PIC_1$)
     핵 H를 가진 국면 α에서, α 밖의 운용은 H의 영역을 접근할 수 없다. 그러한 운용은 오직 H와 그 가장자리만을 접근할 수 있다.
  b. PIC (DbP 안: $PIC_2$)
     ZP에서의 운용은 H의 영역을 접근할 수 없다. 그러한 운

용은 오직 H와 그 가장자리 α만을 접근할 수 있다.

(9a)와 (9b)를 자세히 살펴보자. 두 가지 형식적 기술에 있어 변화의 핵심은 바로 이러한 X의 탐색공간의 차이이다. 이것은 (10)에 잘 보여진다. (Z-X-H는 핵심기능범주로 각각 C-T-$v$를 가리킨다. 국면 핵은 밑줄을 치고, H를 선택하는 비국면 핵인 X의 탐색공간은 굵게 견고딕체로 표기함.)

(10) a. PIC$_1$하에서의 탐색공간
H의 탐색공간: $\underline{Z}$ [$_{XP}$ ... X [$_{HP}$ ... $\underline{H}$ [$_{YP}$ ... Y [$_{WP}$ ... $\underline{W}$ ...]]]]
X의 탐색공간: $\underline{Z}$ [$_{XP}$ ... X [**$_{HP}$ ... H** [$_{YP}$ ... Y [$_{WP}$ ... $\underline{W}$ ...]]]]
Z의 탐색공간: $\underline{Z}$ [**$_{XP}$ ... X** [$_{HP}$ ... $\underline{H}$ [$_{YP}$ ... Y [$_{WP}$ ... $\underline{W}$ ...]]]]
　　 b. PIC$_2$하에서의 탐색공간
H의 탐색공간: $\underline{Z}$ [$_{XP}$ ... X [$_{HP}$ ... $\underline{H}$ [**$_{YP}$ ... Y** [$_{WP}$ ... $\underline{W}$ ...]]]]
X의 탐색공간: $\underline{Z}$ [$_{XP}$ ... X [**$_{HP}$ ... H** [**$_{YP}$ ... Y** [$_{WP}$ ... $\underline{W}$ ...]]]]
Z의 탐색공간: $\underline{Z}$ [**$_{XP}$ ... X** [$_{HP}$ ... $\underline{H}$ [$_{YP}$ ... Y [$_{WP}$ ... $\underline{W}$ ...]]]]

앞 절에서 살펴본 것처럼, Z=C, X=T, H=$v$, Y=V, W=D라면, YP(=VP)가 PIC$_2$에서는 T에게는 접근 가능하지만, C에게는 접근가능하지 않다. 그러나 PIC$_1$에서는 T와 C 모두에게 접근가능하지 않다. 결국 PIC를 기술하는데 있어서의 미결정부분은 T의 탐색영역의 미결정부분과 동일하다. 왜 하필 PIC의 두 가지(하나, 셋, 넷, 및 34개가 아니라) 정의가 가능한가라는 질문은 T의 탐색영역이 왜 이와 같이 국면이론에 의해 결정되지 않는가 라는 질문으로 귀결된다. 이 후자의 질문에 대한 체계적 대답을 찾을 수 있다면, PIC 자체의 정의로부터 T의 탐색영역의 약정적

제약을 제거할 수 있고 두 가지 PIC를 하나의 통합된 PIC(Richards (2004))로 바꿀 수 있다.

그 대답은 또 다른 관찰에 근거한다. $PIC_1$을 $PIC_2$로 바꾸는 유일한 것은 T의 탐색의 범위이다. 좀 더 구체적으로 말해, T(=X)가 $PIC_1$에서는 C(=Z)와 탐색공간을 공유하지만, $PIC_2$에서는 $v$(=H)와 탐색공간을 공유한다. 반면에 C와 $v$의 탐색공간은 전혀 영향을 받지 않는다. 국면 핵(C와 $v$)의 탐색공간은, 그것들이 결코 같은 LA에 속하지 않는다는 사실에 의해 제약되기만 하면, C와 $v$의 탐색공간은 전혀 영향을 받지 않는다는 것은 자연스러운 결과이다. 이러한 관찰에 근거해 Richards(2011)는 탐색공간을 LA 구성(composition)과 연결할 필요가 있다고 주장한다. 여기서 결정적으로 중요한 것은 국면적 LA 구성 자체를 고려할 때 생기는 또 다른 미결정사항이 있다는 점이다. 즉, T가 C의 하위배열에 속하는가({C, T}, {$v$, V}), 아니면 $v$의 하위배열에 속하는가({C}, {T, $v$, V}), 하는 문제이다. 종종 {C, T}쌍이 가정되기는 하지만(Svenonius (2001)을 보라), T는 원칙상 어느 쪽에도 속할 수 있다(이론은 어느 쪽도 배제하지 않는다). 그러므로 비국면 핵의 탐색공간에 있어서의 미결정사항과 더불어 비국면 핵의 국면적 충성도(allegiance) 면에서의 미결정사항이 생기게 된다. 이것은 놀라운 우연의 일치이지만, LA 구성물과 탐색공간 사이에는 강한 연결 관계가 있다는 것을 암시한다.

Richards(2011)는 T 탐색공간에 있어서의 미결정사항이 다음과 같은 식으로 T의 국면적 충성도 면에서의 미결정사항과 곧바로 연결된다고 주장한다. 즉, C의 하위배열에 속하는 T는 $PIC_1$을 암시하고, $v$의 하위배열에 속하는 T는 $PIC_2$를 암시한다는 것이다. PIC를 "국면 핵"의 견지에서보다 "국면 자체(phase proper)"의 견지로 재기술하면, 이러한 내용이 자연스럽게 이해될 수 있다.

(11) PIC (통합되고, 어휘적 하위배열에 상대적인: $PIC_{LA}$)
 다음과 같은 구조에서: $[_{ZP} Z [_{XP} X [_{HP} \alpha [H YP]]]]$, H와 Z는 별도의 LA에 속한다.
 H의 영역은 $LA_H$ 밖의 운용에게는 접근가능하지 않다; 오직 H와 그 가장자리 $\alpha$만이 그러한 운용에게 접근가능하다.
 여기서 $LA_H$는 H에 의해 규정된 어휘적 하위배열이다.
$$X \in LA_H : PIC_2$$
$$X \notin LA_H : PIC_1$$

즉, 비국면 핵(T/X)이 하위국면/LA에 속하면 $PIC_2$에 의해 특징지워지는 탐색패턴을 얻게 되고, 더 상위의 국면/LA에 속하면 $PIC_1$에 의해 특징지워지는 탐색패턴을 얻게 된다. 이것은 T가 어떤 부분과 LA를 구성하는가가 곧바로 문자화의 시기를 결정하기 때문이다. 결국 LA를 공유한다는 것은 탐색영역을 공유한다는 것을 의미한다. 이제 (9a)와 (9b) 사이의 선택은 T가 C의 LA-mate이냐와 $v$의 LA-mate이냐 사이의 선택으로 귀결된다. 즉, PIC 자체의 형식적 기술들 사이에서 선택할 필요가 없고 국면적 구성이 이것을 대신한다.

문제가 되는 미결정사항이 모두 비국면 핵에 적용된다는 것을 볼 때, $PIC_{LA}$/(11)은 LA에 국면 핵과 비국면 핵을 쌍으로 배당하는 연산방식(algorithm)을 제공해야 한다. 이것은 T가 $v$의 LA에 속하면 어휘적 핵인 V는 $v$의 LA에 속할 수 없다는 것을 의미할 것이다. 일단 그렇다고 가정해보자. 그러면, DP의 국면적 지위 및 내부 구성소와 연관된 여러 풀리지 않은 문제들은 일단 제쳐놓은 상태에서, 우리는 국면이 두 개의 핵심 핵(국면 핵과 비국면 핵)으로 구성되어 있는 체계에 도달하게 된다.

(12) 절의 주된 핵심기능범주 구조 [C-T-$v$-V]가 주어진 상태에서:
   a. $PIC_1$ = {C, T}, {$v$, V}, 즉, {국면-비국면} 핵의 쌍
   b. $PIC_2$ = {..., C}, {T, $v$}, {V, ...}, 즉 {비국면-국면} 핵의 쌍

이러한 두 가지 방안의 짝짓기는 연산적 시각에서 볼 때 두 가지 다 최적적이고, 따라서 $PIC_2$에 반대하는 Müller의 개념적 논쟁을 제거한다. 즉, (12b)의 국면 구성이 (12a)의 국면 구성보다 더 약한 것이라고 볼 이유가 없다. PIC 자체는 변하지 않으므로, PIC를 (12a)에서 (12b)로 바꾸는 것이 개념적 약화를 야기하는 것이라는 문제는 생기지 않는다. $PIC_1$과 $PIC_2$ 모두 동일한 크기의 LA로 구성되어있어 이 작업기억 속에 간직해야 하는 구조의 양은 각각 동일하다. 그러나 Richards(2011)는, $PIC_2$가 경험적 근거 면에서 옳다는 가정 하에, UG의 올바른 특성으로 (12b)를 채택한다. 즉, 국면적 LA는 국면 핵과 비국면 핵의 쌍으로 구성되어 있고, 비국면 핵(T/V/N)이 국면핵(C/$v$/D)을 선택한다는 것이다.

(13) $PIC_{LA}$ = {nonphase − phase}

PIC 자체의 정의로부터 탐색공간의 약정적 제약을 제거함으로써, 이제

PIC$_1$과 PIC$_2$를 국면의 기초적 구성으로 단순화하고 하나의 개념적 결함 (즉 (8a))을 제거할 수 있었다. Richards(2011)의 논의가 옳다면, 이제 하나의 PIC만이 있다.

(11)의 수정된 PIC에는 여전히 다른 약정적 특성들(8b-e)이 남아있다. 관련된 특성들이 단순히 정의의 문제가 아니고 설명적 타당성이라는 Chomsky의 보다 엄격한 차원을 만족시키려면, 이러한 약정적 특성들도 역시 제거되어야 한다. Richards(2011)는 (11)의 LA에 근거한 PIC 재개념화가 정말로 국면 이론의 핵심 개념들의 정제(refinement)를 허용한다고 주장한다. 이에 대해 자세히 살펴보자.


## 4. 핵이 없는 국면

앞 절의 논의가 옳다면, PIC$_1$와 PIC$_2$하에서 T의 서로 다른 탐색공간은 PIC$_{LA}$하에서는 LA 구성에 있어서의 서로 다른 선택으로 귀결된다. 즉, [{C}, {T,$v$}](=(12b)) 대 [{C,T}, {$v$}](=(12a))의 차이이다. 그러나 탐침의 범위(탐색공간)에 있어서의 여러 제약들은 다음 두 가지 면에서 약정적인 상태로 남아있다.

  (14) a. 영역(domain) 항목
       국면 XP 자체보다는 국면 핵의 영역(보충어)이 문자화된
       다. (H의 영역은 (HP/ZP/LA$_H$에서) 운용들에게 접근가능
       하지 않다.) ((8b/d)를 보라.)

b. 가장자리/접근가능성 항목

국면 XP의 핵과 지정어는 가장자리를 이루며 보충어 영
역과 같은 때에 문자화되지 않는다. (오직 H와 그 가장자
리만이 그러한 운용들에게 접근가능하다.) ((8c)를 보라.)

이러한 약정적 제약 둘 다 약간의 정당성을 지니고는 있지만 최근 여러
문제점이 지적되었다.[5] (14)에 의해 제기되는 문제의 핵심은 국면범주
와 문자화범주 사이의 불일치이다. 즉, CP/vP가 국면인데, 왜 TP/ VP가
문자화로 보내어지는 단위인가?

그러나 그 비평은 단지 부분적으로만 정당화된다. 이것은 적어도 국면
가장자리라는 개념 및 국면 핵과 그 보충어의 서로 다른 시기의 문자화
가 강력최소주의나, Chomsky가 표현한 대로, 의미 있는 주기적 연산
(meaningful cyclic computation)으로부터 비롯되기 때문이다. 국면 전
체가 전이된다면, 국면은 (내부적으로 합치되는 개체들만이 전이된다는
것이 보장될 수 없다면) 항상 접합면에서 파탄될 것이다. 더구나 국면
밖으로의 어떤 이동도 (왜냐하면 빠져나갈 위치가 없기 때문에) 가능하
지 않을 것이다. 그리고 병합이 병합을 위해 선택된 보충어의 표지에 있
는 가장자리 자질의 접근가능성에 의존하는 한(OP:6를 보라), 심지어
병합의 반복성조차도 손상될 것이다. 간단히 말해, 국면 가장자리(즉, 문
자화의 견지에서, 다음 국면의 일부로 간주되는 "비상탈출구(escape
hatch)" 영역)라는 개념 없이는 어떠한 식의 통합되고, 복합적이며 합치
되는 구조도 형성될 수 없을 것이다. 그러므로 가장자리는 잘 고안된 언

---

5) 요약과 토론을 위해서는 Boeckx & Grohmann(2007)를 보라.

어체계의 요구조건이다. CP/vP와 TP/VP 사이의 불균형은 완전해석이 만족될 수 있는 것을 보장하기 위한 방법에서 비롯된다. 언어가 강력최소주의에 부합하려면 국면의 일부분만이 전이되어야 한다. 특히 국면의 핵은 (선택과 핵 이동을 위해) 접근가능한 상태로 남아있어야 하고, 그리고 투사체의 상위 부분(즉, 지정어)도 접근가능해야 한다(MI 108).

이러한 논의가 옳다면, 국면 중간의 절단 지점(cut-off point)이 개념적으로 필요해 보인다. 즉, 그것은 강력최소주의로부터 비롯되므로 공짜로 얻어진다고 할 수 있다. 이것은 위에 인용한 저자들에 의해 제기된 가장자리 유형의 비상탈출구에 대한 일반적 반대를 무력화시킨다. 그럼에도 불구하고 이러한 비상탈출구의 정확한 정의는 자의적인 것으로 남아있다. 특히 우리는 이러한 국면 중간의 절단 지점이 왜 국면의 핵과 그 보충어 사이가 되는지, 그리고 별개의 LA로서의 국면들 사이에 이미 존재하는 경계 외에도 왜 이러한 절단지점이 있어야만 하는지 의문을 제기할 수 있다. 즉, 왜 가장자리-비가장자리의 구분이 국면 내에서의 핵-보충어 구분과 일치하는가? 영역/가장자리의 구분이 그렇게 자연스럽다면, 그 구분은 국면이론으로부터 도출되어야 하는 것이지, PIC 자체의 정의에 직접적이고 자의적으로 규정될 필요는 없는 것 아니겠는가?

(11)의 수정된 PIC는 아직 남아있는 이러한 비적절함들을 해결하는 열쇠를 제공하는 것 같다. $PIC_2$를 $PIC_{LA}$의 견지로 재개념화한 것을 다시 생각해보자.

    (15) $PIC_2$ = {..., C}, {T, v}, {V, ...}

국면의 모든 친숙한 (이전에는 약정된) 특성들은 (15)의 자동적 결과로 수반되어 (8b-e)에 있는 개념적 장애물들을 제거하는 것으로 볼 수 있다. 이것들을 하나씩 다루는 Richards(2011)의 논의를 살펴보자.

## 4.1 무엇이 전이되는가?

(8b)의 문제부터 시작해보자. 즉, 전이되는 것은 왜 CP/$v$P가 아니라 특히 TP/VP인가? Richards(2011)는 (15)가 명확한 대답을 제공한다고 주장한다. LA 구성물인 {T, $v$}, {V, ...}는 T와 $v$사이의 공유된 탐색공간을 도출할 뿐만 아니라 서로 다르게 문자화로 보내어지는 단위를 밝혀준다. LA {T, $v$}로부터 투사된 구조, 즉 TP는 (다음 LA에 속하는) 국면 핵 C와는 별도로 문자화된다. 그리고 LA {V, ...}로부터 투사된 구조, 즉 VP는 (다음 LA {T, $v$}에 속하는) 국면 핵 $v$와는 별도로 문자화된다. Richards(2011)는 국면을 LA로 재개념화하고 T를 C의 LA가 아니라 $v$의 LA에 속하는 것으로 보는 한, PIC에 의해 문자화되는 것은 국면(LA) 자체라고 주장한다. 즉, 우리가 이미 LA와 탐색공간 사이의 일치를 살펴본 것처럼, LA와 접합면으로 보내어지는 국면적/보충어 영역 사이에 일치가 있다.

간단히 말해, (15)에 밝혀진 국면적 단위(LA)가 문자화 단위이고, 국면/영역이라는 이분적 구분은 더 이상 필요 없게 된다.

## 4.2 무엇이 가장자리인가?

이제 질문 (8c)를 살펴보자. VP가 문자화될 때 왜 $v$와 Spec,$v$는 남아있는가? 그리고 마찬가지로 TP가 문자화될 때 왜 C와 Spec,C는 남아있는가? Richards(2011)는 이 질문 역시 (15)가 명확한 대답을 제공한다고 주장한다. 즉, 가장자리(즉 핵과 지정어)는 보충어 영역과 다른 국면을 구성하기 때문에 뒤에 남는 것이다. v와 Spec,v는 LA {T, v}에 속하지 LA {V, ...}에 속하지 않는다. 따라서 가장자리가 문자화의 목적 면에서 다음 국면에 속한다는 사실이 더 이상 약정적으로 규정될 필요가 없다. 가장자리는 다음 국면이지 현재 국면의 어떤 특별하면서도 자의적 부분이 아니다. 그러므로 현재 국면과 함께 전이되지 않는다. 우리는 또 다른 잉여성을 제거하게 된다. 두 개의 다른 절단지점 대신에 국면들 사이의 접속(경계지점)이 가장자리와 비가장자리 사이의 접속으로도 작용한다는 것이다.

요약해보자면, (12b)/(15)의 PIC 재기술은 국면 내부의 가장자리-비가장자리 절단지점의 구체적 규정을 불필요하게 만든다. 국면 핵과 보충어는 서로 다른 LA에 속하므로 다른 시기에 전이되는 것이다.

### 4.3 무엇이 국면 핵인가?

다시 (8e)의 문제로 되돌아가보자. 여기서 우리가 대답해야 할 질문은 핵심기능범주(C-T-v) 중에서 왜 T가 유일하게 국면 핵이 되지 않는가라는 것이다. 이 문제는 Chomsky의 국면 이론을 그 시초부터 괴롭혀왔다. Richards(2011)의 제안은 그 문제를 새로운 시각으로부터 다가갈 수 있도록 허용한다. 이 점에서 T에게(그 점에 있어서 V에게도) 특별한 것은 없다. 이러한 접근법에서는 어떤 것도 국면이 아니다. 단순히 원래 그런

것은 없기 때문이다. 국면이란 LA(즉, 배번집합의 하위 배열)이고 LA는 핵을 가지고 있지 않다. 물론 우리는 이전에 국면 핵으로의 특권을 지녔던 이러한 핵의 특별한 행동(즉, 문자화를 촉발시키고 전이된 보충어영역을 규정할 때의 그것의 역할)을 설명해야 한다. Richards(2011)는 국면 핵과 연관된 이러한 특별한 특성들은 이제 단순히 국면(LA)이 어떻게 구성되는가의 기능이라고 주장한다. 즉, 하나의 LA가 소진되면, 그 다음 LA가 시작되고 그럼으로써 하위 국면의 전이가 촉발된다. 결국 하나의 LA로부터 병합된 첫 번째(=가장 하위의) 핵이 전이를 촉발시키는 효과를 가진다. (15)가 주어졌을 때 C와 $v$는 문자화 촉발자(trigger)인데, 그 이유는 단순히 그것들이 각각의 LA에서 첫 번째 핵이기 때문이다. T가 국면 핵이 아닌 이유는 단순히 (12b)/(15)에서처럼 LA가 구성되는 방법 때문이다.

결국 "국면 핵"이라는 개념은 이 접근방법에서는 부수적이 된다. 국면 LA의 핵 사이에는 서로 그 특성이 구분되는데, LA의 첫 번째(=하위의) 핵은 이전 국면의 문자화를 촉발시키는 반면에 이 LA의 두 번째(=상위의) 핵은 문자화된 단위를 규정한다.


(16)          {H2,                    H1}
               ↑                       ↑
          spelled-out unit    spell-out trigger (for lower phase)


요약하자면, Richards(2011)가 제안하는 LA에 근거한 접근방법에서 국면은 핵이 없다. 따라서 국면이론의 원초적 개념으로서의 국면 핵은 제거된다.

## 4.4 최소주의 PIC

이제 공리와 같은 PIC에 무엇이 남아있는 지를 살펴볼 필요가 있다. 이
것은 결국 현재의 국면 이론에 있어 마지막 남아있는 개념적 결함(즉,
(8d)의 문자화 시기와 관련된 약정)에 대해 이야기하는 것이다.

일단 가장자리가 PIC 자체의 정의로부터 제거되면, 문자화의 시기에 대
해 새로운 암시가 나타난다. 이전에는 문자화 시기가 "ZP에서"나 "HP
밖에"와 같은 진술을 통해 PIC의 정의에 약정적으로 표기되어야 했다.
이제 국면의 전이 시기에 있어서의 지체는 가장자리에 대한 (즉,
Chomsky의 의미 있는 주기적 연산이라는) 강력최소주의에 의해 부과된
필요성으로 귀결된다. 단순히 표현하여, 국면 배열 $LA_n$은 다음 국면
$LA_{n+1}$이 개시되자마자 문자화될 수는 없다. 왜냐하면 그럴 경우 하위
국면 $LA_n$의 어느 것도 $LA_{n+1}$으로부터 병합된 핵에, (우리가 더 이상 하
위 국면의 가장자리에 비상탈출구를 설정하지 않으므로,) 접근가능하지
않기 때문이다.

예로 LA{T, $v$}와 LA{V, D(P)}를 살펴보자. $v$가 선택을 위해 V를 접근
할 수 있으려면, 그리고 $v$가 일치와 이동을 위해 D를 접근할 수 있으려
면, 문자화에 있어서 지체가 있어야만 한다. 즉, $LA_n$는 $LA_{n+2}$까지 문자
화될 수 없다. 그렇지 않으면 배번집합이 단 하나의 통합되고 합치되는
통사체로 사상되지 못한다.

이 논리는 국면의 LA에 근거한 재개념화에서 $PIC_1$과 $PIC_2$에 똑같이 적용된다. "ZP에서"라는 진술의 형태로 원래의 $PIC_2$하에 단서적으로 규정된 이러한 지체는 이제는 단순히 강력최소주의와 의미 있는 주기적 연산으로부터 비롯된다.

위의 논의가 옳다면, (9)/(11)의 PIC로부터 남아있는 약정들이 다 제거된다. (17)에서처럼, 더 이상 다른 것으로 돌려질 수 없는 문자화시기에 관한 최소 제약만이 국면불가침조건으로 남겨지게 된다.

> (17) 국면불가침조건(최소한의 $PIC_{LA}$)
> 국면 $LA_n$을 $LA_{n+2}$에서 전이해라.

이러한 형식적 기술은 본질적으로 "참을성 있는 문자화(patient spell-out)"의 한 가지 견해이다(Svenonius(2001)을 보라). 국면은 강력최소주의(가장자리에 대한 필요성)에 부합하면서 가능한 한 빨리 문자화되는데, 이 시기가 다음다음 국면(즉, $LA_{n+2}$)에 해당한다.

국면의 이러한 견해를 표준국면이론으로부터의 친숙한 용어로 바꾸어보면, 국면 $LA_n = \{V, D(P)\}$에 대해 (18)이 생성된다. Richards(2011)는 모든 친숙한 국면이론적 용어들(가장자리, 영역, 국면 핵 등)은 이제 이론의 원초적 개념들이라기보다 도출 개념이라고 주장한다. 즉, $PIC_{LA}$하에서 우리가 갖게 되는 전부는 국면, 즉 LA뿐이다.

(18)        {..., C}              {T, $v$}              {V, D(P)}
            LA$_{n+2}$             LA$_{n+1}$             LA$_n$
               ↑                     ↑                     ↑
         "spellout trigger"        "edge"         "spelled-out unit"
           "phase head"                          "complement domain"

더구나 국면의 모든 친숙한 특성들(즉, 국면 핵은 T/V가 아니라 C/$v$라
든가, 전이되는 보충어 영역은 CP/$v$P가 아니라 TP/VP라는 특성 등)은
이제 PIC$_1$보다는 PIC$_2$(즉 (12a)보다는 (12b))를 뒷받침하는 주장이 된
다.

마지막으로 이 절에서 또 다른 한 가지 문제가 다루어질 필요가 있다.
여기에서 제안된 체계가, 어떤 주어진 어휘항목이나 통사체가 어떤 LA
로부터 비롯된 것인지를 어떻게 알 수 있는가? 이것이 과외의 기억부담
의 형태로 연산상의 추가적 복잡성을 의미하는 것은 아닌가?

이 질문에 답하기 위한 첫 번째 단계로서 그 체계가 모든 것(즉, 나무구
조에 있는 모든 항목의 국면상의 기원)을 추적할 필요가 있는 것은 아니
라는 것에 주목할 필요가 있다. 그 체계가 어디에서 하나의 LA가 시작
되고, 어디에서 또 하나가 시작되는 지를 말할 수 있는 방법이 요구되는
전부이다. 즉, 국면/LA 사이의 접속(경계지점)이, 이상적으로는 국부적
이고 최소적 방법으로, 표시될 필요가 있다 LA에서 첫 번째(가장 하위
의) 핵에다가 어떤 종류의 표시를 하던지 이러한 목적을 달성할 것이다.
더구나, 그러한 어떤 표시 장치도 (17)이 만족될 수 있는 것을 보증하기
위한 유일한 방법으로 강력최소주의를 준수하게 될 것이다. 이런 의미

에서, 우리는 이러한 특별한 표시를 가진 핵으로서의 국면 핵이라는 보조적 개념을 도출하고 유지하게 된다.

이 표시가 무엇일까? 두 가지 가능성이 있다. 첫 번째는 EPP 자질이다. EPP 특성은 핵이 국면 가장자리로 작용하여 그것의 영역 밖으로 어떤 것을 추출하는 것을 허용하기 위해 독립적으로 요구된다(MI:109 예문 (24)를 보라). LA에서의 첫 번째 핵에 이러한 특성이 부여되면, 더 이상의 표시는 필요하지 않다. 그러나 모든 핵이 반복적 병합을 허용하기 위해 가장자리 자질을 갖고 있는 OP 체계 하에서는 EPP 자질의 지위가 의심스럽다. 더구나 EPP 자질은 국면 접속을 표시하기에 충분할 수는 없다. 왜냐하면 아마도 영어와 같은 언어에서 비국면 핵인 T가 이러한 특성을 부여받아야 하기 때문이다. 두 번째이자 좀 더 재미있는 가능성은 비해석성 자질들(즉, Φ-탐침/일치 탐침)이 이 목적에 봉사할 수 있을 수 있다는 것이다. 그리고 이것은 왜 이러한 자질들이 존재하여야 하는가 라는 오래된 질문에 대한 가능한 대답을 제공하게 된다. OP가 제안하는 것처럼, 국면 핵이 비해석성 자질/탐침의 위치라면, (17)은 왜 이것이 그래야만 하는가(즉, 왜 그러한 특별한 핵이 존재하는가)에 대한 이론적 근거를 제공한다. 통사적으로 가시적인 형식자질들은(uFs) 국면 접속의 국부적 표시를 제공하고 (17)이 효율적으로 만족될 수 있다는 것을 보증한다. 여기에서 (11)/(12)에서의 LA 구성물/PIC의 한 측면이 앞서 설명되지 않은 채 남아있다는 것에 주목해야 한다. 그것은 어떤 LA든지 오직 하나의 국면 핵이 포함될 수 있다는 사실이다. 국면 핵이 이론의 원초적 개념이 아니라면, 왜 C와 $v$가 같은 LA(즉, {C, T, $v$} 형태의 LA)에 포함될 수 없는지를 설명하기가 어렵게 된다. 이것을 배제하게 될 국면적 LA의 쌍별 구성은 이 이론의 가정으로 남아있다. 그러나 국면마다 하나의 (그리고 오직 하나만의) 접속표시가 요구된다고 가정함으로써 우리는 어떤 주어진 LA에 왜 하나 이상의 탐침(=국면 핵)이 허용되지 않는지에 대한 적어도 부분적 설명에 도달하게 된다.

그럼에도 불구하고 왜 모든 세 가지 핵심기능범주 {C, T, $v$}를 포함하고 있는 LA가 존재할 수 없는지에 대한 설명을 우리는 아직 갖고 있지 못하다. 다른 말로 말해, 우리는 왜 하나의 국면이 하나 이상의 비국면 핵을 포함할 수 없는지에 대한 설명을 필요로 한다.


## 5. 자질상속의 이론적 근거

앞 절에서 제안된 국면이론 안은 LA에 근거한 강한 국면 개념(원래 MI에서 잉태된)으로 돌아갈 뿐만 아니라, 국면이론의 원초적 개념으로서의 국면 핵의 역할을 부정한다는 점에서 보수적이라 하겠다. 반면에 Chomsky는 그의 가장 최근의 연구(OP, AUGB)에서 원래 LA에 근거한 국면의 개념에서부터 훨씬 더 멀어져가고 국면 핵의 역할을 강화해서 국면 핵을 도출엔진의 수준까지 끌어올리는 것 같다. 그의 이론에서는 이제 국면 핵이 모든 일을 한다. 즉, 모든 비해석성 자질들은 국면 핵에 속하고 모든 운용(Agree, 값 결정, 전이, 내부병합)은 국면 핵에 의해 촉발된다. 따라서 비국면 핵의 역할은 상당히 축소된다. 그러므로 Chomsky에게 있어서, T는 더 이상 자기 스스로는 탐침이 될 수 없다. T는 오직 국면 핵 C에 의해 선택될 경우에만 탐침 역할을 할 수 있다.

그리고 그 경우에는 국면 핵의 일치자질이 자질상속이라는 기제를 통해 자신의 보충어에게 넘겨진다. 그럼으로써 T는 오직 C로부터의 상속에 의해 탐침이 된다. 전통적인 주어-일치와 T와 연관된 EPP 효과(형식주어가 Spec,T로 이동하는 것이나 허사 등과 같은)는 이러한 자질상속 기제의 결과이다. 이 기제를 통해 비해석성자질은 국면핵에서부터 보충어에게로 넘겨진다.

Chomsky는 자질상속기제를 뒷받침하는 여러 논의를 제공한다. 첫째, 자질상속은 C를 결하고 있는 인상 ECM T(=T$_{def}$)가 또한 일치자질과 독립적인 시제를 결하고 있다는 오래된 관찰을 간단하면서도 명료한 방식으로 포착한다(MI:102, 105, BEA:13, OP:9를 보라). 둘째, 자질상속은 국면 층위에서 운용들의 자연스러운 동시 적용을 낳는다. 모든 운용들, 즉, Spec,TP로의 A-이동과 Spec,CP로의 A'-이동은 둘 다 국면 핵에 의해 개시되므로 나란히(in parallel) 일어난다고 가정될 수 있다. 더구나 국면의 자질상속 입장은 국면 핵의 일관되고, 국부적이며 통사적인 정의를 허용한다(2절의 명제성과 독립성 기준을 대체하거나 지지하면서). 즉, 국면 핵은 비해석성자질의 위치이다. 마지막으로, 자질상속은 A/A' 구분을 표현하는 최적의 수단을 제공한다. OP는 A/A' 구분을 의미접합점에 의해 부과된 해독조건인 것으로 가정하므로, 자질상속은 강력최소주의에 부합한다. 환영받을 수 있는 추가적 부수효과로, 자질상속은 C-T 관계뿐만 아니라 합리적으로 $v$-V 관계에도 적용되는 것으로 예상된다. 이것은 곧바로 그 유명한 ECM 구문에서의 "목적어로의 상승 패러다임을 낳는다(Lasnik & Saito(1991)을 보라). 그런데 이 목적어로의 상승은 이전 접근방식에서는 동기를 결여할 뿐만 아니라 참으로 당혹스러운 것으로 보이는 공허한(vacuous) 이동이었다.

그럼에도 불구하고 자질상속의 주장을 해치는 상당한 개념적 장애물들이 있다. Richards(2007)에 의해 지적된 것처럼, A/A' 구분은 두 가지 유형의 형식자질에 의해 이미 충분히 구현된다. 가장자리 자질 EF는 A' 유형의 운용을, 일치자질 uF는 A 유형의 운용을 낳는다. 그렇다면, 일치자질을 C에 그대로 놔두고 단순히 CP에 다수의 지정어를 투사하는 것은 왜 안 되는가? 더구나 이런 식으로 직접 동기화되지 않는 곳(즉, C-T 뿐만 아니라 $v$-V로)까지 자질상속을 확대하는 것은 꼭 필요한 것 같지 않다. A/A' 구분의 동기화가 적용되지 않는 $v$-V에는 자질상속을 확대시키지 않는 것이 오히려 최적적이고 효율적인 것 같다.

Richards(2011)는 자질상속이 반드시 모든 국면에 똑같이 적용된다는 주장의 이론적 근거가 부족하다고 지적한다. 즉, 합치를 위해 비국면 핵을 진정으로 필요하게 만드는 그 무엇인가가 밝혀지지 않았다고 주장한다. 그리고 자질상속이 PIC로부터 완전해석과 연결되어 나온다고 주장하는 Richards(2007)의 제안을 이용하여 자질상속을 설명하였다. 그의 논의를 자세히 살펴보자.

Richards(2007)의 제안에는 두 가지 전제가 있다. 첫째, 비해석성자질의 값결정과 접합면으로의 전이에 어떤 지체도 있을 수 없다는 가정이다.[6]

---

6) 이 점에 대한 통찰력 있는 토론을 위해서는 Epstein & Seely(2002)를 보라.

(19) 전제 1: 비해석성자질의 값결정과 전이는 동시에 일어나야
      한다.

(19)에 깔려있는 것은 비해석성 자질들이 의미접합점 SEM에서 완전해석을 위반하여 파탄된다는 친숙한 가정이다. 그러나 일단 Agree가 적용되면, 값이 정해진 해석성자질과 비해석성자질의 구분은 없어지고, 이러한 두 가지 자질 유형이 국부적으로 분리되어 구분될 수 없다는 결과가 생긴다. 그러므로 도출을 재구해야만 하는 것을 피하기 위해 값결정 (Agree)은 (19)에서처럼 전이의 일부분이어야 한다.

둘째, 다음 가정 (20)이다.

(20) 전제 2: 국면의 가장자리와 비가장자리(보충어)는 별도로
      전이된다.

이것은 단순히 PIC에 의해 포착되는 가장자리 요구조건이다.

결정적으로, (19)와 (20)의 요구조건은 실질적으로 서로 조화를 이루지 못한다. 이것은 (20)/PIC는 가장자리 부분(지정어 + 핵)이 그 다음 국면 층위에서 전이되도록 강요하는 반면, (19)는 국면 핵에 있는 비해석성자질이 완성된 국면의 나머지와 함께 전이되도록 강요하기 때문이다. 그러므로 우리는 서로 반대되는 방향으로 잡아당기는 두 가지 서로 상충되는 합치조건 사이에 겉으로 보기에 화합할 수 없는 긴장을 갖게 된다. Richards(2007)의 주장은 자질상속이 이러한 긴장을 풀기 위한 최소한

의 해결책으로 나타난다는 것이다. 간단히 말해, 값이 정해진 비해석성 자질은 국면 가장자리에 남아있을 수 없다. 그러므로 그것은 전이되는 구조의 일부분(즉, 국면 핵의 보충어) 속으로 내려가야만 한다. 결국 (19)와 (20)으로부터 (21)이 도출된다.

(21) 결론: 비해석성자질은 가장자리로부터 비가장자리로(즉, C 에서 T로, $v^*$에서 V로) 하강해야 한다.

결국 자질상속은 잘 고안된 언어체계로부터 나오는 것이다. 그것은 일치 유형의 자질들이 국면 층위에서 (전이의 일부분으로서) 값이 정해지는 것을 가능하게 함으로써 합치를 보증한다. 그렇지 않으면 일치 유형의 자질들이 국면 층위에서 값이 정해지는 것은 PIC가 도저히 만족시킬 수 없는 요구조건이다.

또 다른 바람직한 결과로서 (19)-(21)은 도대체 왜 비국면 기능범주인 T가 존재해야만 하는가에 대한 이론적 근거를 제공한다. 즉, T는 자질 피난소로서의 필수적 목적을 수행한다. 이러한 자질 피난소가 없다면, (19)-(20)의 상충되는 요구조건은 해결될 수 없을 것이다. 간단히 말해 T와 같은 비국면 기능핵은 오로지 국면 핵으로부터 일치 유형의 자질들을 받기 위해서 존재한다.

이러한 논의를 바탕으로, Richards(2011)는 국면 핵도 비국면 핵도 연속적으로 반복될 수는 없다고 주장한다. 즉, (22)의 여러 가능성 중에서 (22e)만이 강력최소주의에 부합되는 것이다. 여러 국면 핵((22)에서 P로 표기된)의 연속은 자질상속이 적용될 수 없기 때문에 금지된다. 그리고 여러 비국면 기능핵의 연속도 배제된다. 왜냐하면 N은 그것이 국면 핵인 P로부터 자질을 받는 기능을 수행하는 경우에만 강력최소주의에 의해 인가되기 때문이다. 어떤 추가적인 비국면 기능핵도, 강력최소주의의 시각에서 볼 경우, 잉여적이고 필요 없는 것이 된다.

(22) a. *P-P-P-P …
b. *P-P-N-P …
c. *P-N-N-P …
d. *N-N-N-P …
e. P-N-P-N …

Chomsky의 자질상속 기제의 이론적 근거를 추구함으로써, Richards (2011)는 궁극적으로 기능범주의 강력최소주의-내정값 연속체로서 (22e)를 도출해내었다. 이것은 앞서 살펴본 PIC의 LA에 근거한 단순화라는 완전히 독립적인 토대에서 Richards(2011)가 가정했던 국면에 대한 견해와 동일한 것이다.

(23) 국면은 (최대한과 최소한 모두) 국면 핵과 비국면 핵의 쌍으로 구성된다.

즉, 이제 우리는 4절에서 제안되었던 접근방법의 가정인 국면의 쌍별 구성에 대한 더 강력한 개념적 증거를 가지게 되었다. 4절에서는 국면의 쌍별 구성이 더 이상의 약정이 없이 PIC의 친숙한 특성들을 도출해 낸다는 것을 보여주었다. 이번 절에서는 그 반대를 보여주었다. 즉, PIC가 국면의 쌍별 구성을 도출해낸다. 이것이 단순한 우연의 일치인지, 아니면 연산체계의 본성에 대한 깊고도 실질적인 일반화를 드러내는 지는 앞으로의 연구가 밝혀야 할 흥미로운 문제이다.

# 3장 개념/의도 분리모델

## 1. 기능적 요소와 어휘적 요소의 완전한 분리

이 장에서 주장하는 문법모델은 의미부에서만 존재하던 분업체제를 모든 문법작업에 확대하여 의미부에서 통사부, 그리고 접합면에 이르기까지 전체적으로 적용하는 것이다. 먼저 의미해석은 개념과 의도를 나누어 처리해야 한다. 다시 말하면, 논항구조를 구성하는 어휘적 요소와 담화적 특징을 표현하는 기능적 요소는 본질적 차이가 있으며, 그렇기 때문에 의미해석을 담당하는 작업장이 따로 분리되어야 한다.

과거 이론에서 근본적으로 다른 두 요소를 한꺼번에 처리하려고 한 잘못 때문에 항상 기능적 요소를 효과적으로 해석할 수 없었다. 기능적 요소에 관한 한, 문법모델 자체가 잘못 구성되어 있기 때문에 절대 풀리지 않는 이론적 난관에 봉착하곤 하였던 것이다. 따라서 새로운 모델에서는 이런 잘못을 되풀이하지 않고 두 가지 요소를 철저하게 분리하여 다루려고 한다. 어휘적 요소는 누가 무엇을 했는지에 대한 사건의 내용을 표현한다. 그러나 기능적 요소는 문장 전체의 의미를 변화시키는 영향력을 가지고 있으며, 항상 CP의 영역에서 나타나며 선택적 요소이다. 이런 상반된 특징만 비교해 보아도 두 요소는 본질적으로 다르다는 것을 알 수 있다. 그러므로 두 요소의 차이를 제대로 포착할 수 있는 새로운 문법모델의 필요성이 제기된다.

문장의 기본단위인 절을 최대투사범주로 놓고 살펴보면, 그 안에 어휘적 요소와 기능적 요소가 혼재되어 있다. 어휘적 요소는 개념 의미부(C-S)에서 전담하고, 반면에 기능적 요소는 의도 의미부(I-S)에서 담당한다. 이러한 작업을 마치면 그 결과물로 국면들이 생성되며, 국면도 두 종류가 생긴다. 즉, 어휘적 요소나 기능적 요소는 투입재료에 해당하고, 두 가지 유형의 국면은 작업의 결과물에 해당한다. 이원적 의미부(dual semantic component)가 생성한 통사적 도출구조(syntactic derivation)는 두 가지 국면으로 이루어져 있다(lexical phase와 functional phase). 따라서 국면들을 접합면으로 보내는 전이(Transfer) 또한 항상 두 번 필요하다. 이질적인 두 개의 국면을 각각 따로따로 다른 곳으로 보내야 하기 때문이다.

접합면 조건과 C-S와 I-S로 이원화된 의미부가 국면을 생성한다. 그리고 국면이 완성되면, 그것이 어휘적인지 기능적인지 구별하여 접합면에 보내는 전이가 작업을 개시한다. 의미해석에 있어서 개념과 의도를 분리하여 처리한다는 것은 흥미로운 파급효과를 낳는다. 언어능력(language faculty)의 특징은 대체로 똑같은 규칙성이 도처에서 발견되면서 동시에 조금씩 차이점을 보인다는 것이다. 즉, 생물학적 진화의 원리인 같으면서도 다르다는 특징이 언어능력에서도 발견된다. 접합면조건(IC)을 의미부, 통사부, 접합면에 모두 적용하면서, 어휘적 자질과 기능적 자질을 분리하여 처리해야 한다는 분업구조를 모든 작업과정을 통하여 지속적으로 유지한다면, 그동안 풀리지 않았던 문제점들이 해결되고, 다중전이, 다중병합이 필요한 이유가 저절로 밝혀진다.

## 2. 통사부의 연산적 효율성

Chomsky(2004)에 의하면 언어능력은 신경망 CI(개념의도)체계와 SM(감각운동)체계로 구성되어 있다. 그 안에는 의미를 담당하는 접합면, 소리를 담당하는 접합면, 통사구조를 담당하는 접합면이 있다. 특히 통사접합면은 그 작업과정이 컴퓨터처럼 정교하게 돌아가는 연산적 성질을 지닌다. 어휘목록에서 선택한 배번집합(numeration)에 통사적 변형을 적용하면, 일정한 규칙성을 지닌 통사체(syntactic object)가 나오게 된다. 그러면 SC는 통사체를 전이(Transfer)에 의해 접합면으로 보낸다.

접합면으로 보내기 전에 해석 불가능한 자질(기능적 자질)은 전부 지운다. 이런 작업의 이유는 연산적 복잡성을 제거하기 위한 것이다 (Chomsky 2001). 다중 전이(Multiple Transfer)는 국면이 도출된 다음에 작동한다. 그런데 실제로 국면은 명제(proposition)이다. 기존 이론에 의하면 국면은 $v$*P와 CP로 제한된다. 배번집합(numeration)은 그 문장이 필요로 하는 어휘만 뽑아 일렬로 나열한 일종의 어휘목록이다.

Chomsky(2001)는 배번집합이 작은 단위로 쪼개질 수 있다고 보았는데, 바로 이것이 국면이다. Chomsky(2005)는 외부병합은 주어-동사구와 같은 기저위치를 담당하며, 그 결과물이 과거의 논항구조(argument structure)에 해당한다고 보았다. 반대로 다양한 담화적 속성을 다루는 가장자리 자질(edge properties)과 관련 있는 것이 내부병합이라고 한다.

강력최소주의의 도입으로 통사부는 반드시 접합면조건이 원하는 조건들을 완전히 만족하는 국면들만 생산해야 한다. 그 기준에 미달하는 불량품은 자동으로 파탄이 나며 접합면으로 전이되지 못하고 그냥 버려진다. 모든 통사단위는 완전해석조건(FI)과 접합면조건(IC)을 만족한다. 접합면조건 중 하나는 포함조건(Inclusiveness Condition)이다. 기존의 어휘요소와 기능요소만 가지고 배번집합을 바꾸어야 하며, 요소를 변질시키거나 절대 새로운 것을 집어넣을 수 없다는 것이 포함조건이다. 통사적 연산과정에서는 오로지 위치변동만 가능하며 절대 새로운 요소를 만들어낼 수 없다.


## 3. 새로운 통사부

강력최소주의에 의하면 언어능력은 IC(접합면조건)가 원하는 것에 대한 최적의 해결안(optimal solution)이다. 접합면조건은 개념의도(CI) 접합면과 감각운동(SM) 접합면이라는 두 가지로 이루어져 있다. 의미부와 음운부는 접합면 부문이기 때문에, 접합면조건과 불가분의 관계에 있다. 통사부는 최적의 합격품만 생산하여 접합면으로 보내야 한다. 따라서 통사부도 접합면조건을 준수해야 한다. 통사부에 접합면조건을 부과하면 완전해석(FI)이 이루어진다. 오직 해석가능한 통사체만 접합면 수준까지 살아남고, 그렇지 못한 것은 모조리 파탄이 나고 접합면까지 도달하지 못한다(Chomsky 1995). 통사부가 생성한 국면이라는 통사체는 장차 언어적 생산물로 발전할 기본이다. 그러므로 마지막 단계에서 올바른 발화를 얻으려면, 원래 재료에 해당하는 국면이라는 통사체 역시 접합면조건이라는 규칙을 반드시 만족시켜야 한다.

요약하면 강력최소주의에서 말한 대로, 언어능력이란 접합면조건에 따라 국면을 만들어내는 능력이다. 또한 국면생성장치인 통사부도 역시 접합면조건을 준수해야 한다. 만일 그렇다면 통사부의 모든 개념이 하나도 남김없이 최소주의로 잘 설명될 것이다. 그러나 실제로는 그렇지 않다. 기존의 이론을 잘 살펴보면 불완전하고 모순된 측면이 존재한다. 그 문제점이 무엇인지 특정하고, 이론 자체를 대폭 수정하여 그 문제점을 제거하는 것이 이 논의의 목적이다.

## 3.1 배번집합

배번집합은 어휘사전에서 필요한 단어를 선택하여 일렬로 나열한 어휘목록이다(Chomsky 1995). 어휘선정을 좌우하는 것은 선택제약(selectional requirements)과 어휘핵이 보유한 의미역들이다. 그런데 이것들은 오직 어휘적 항목과 경동사(~하다)에만 영향을 미친다. 화제니 초점이니 하는 기능적 요소나 담화적 요소들은 선택제약이나 의미역구조와는 아무 관계가 없다. 그렇다면 당연히 다음과 같은 의문이 생긴다.

배번집합은 기능적 요소를 포함하는가?

어휘적 요소들은 논항구조를 이루며, 반드시 나타나야 하는 필수적 요소들이다. 경동사도 마찬가지이다. 선택제약은 주어에 해당하는 외부논항을 요구하며 행위자 의미역을 가진 주어가 반드시 있어야 하듯이, 경동사도 반드시 있어야 논항구조가 완성된다. 그러나 그와 반대로 모든 기능적 요소들은 선택적 요소이다. 기능적 요소가 없어도 얼마든지 문장을 만들 수 있다. 게다가 어떤 기능적 요소들은 자유롭게 다양한 위치에서 나타날 수 있다. 이러한 근거에서 볼 때, 초기 배번집합은 기능적 요소를 포함하지 않는다고 보는 것이 타당하다. 접합면조건도 기능적 요소를 필수적으로 요구하지 않는다. 이러한 입장은 통사부가 어휘사전에 딱 한번만 접근하여 배번집합을 만드는 것이 아니라, 처음에는 어휘요소만으로 구성된 배번집합을 만들고, 그걸로 국면을 도출하는 작업을 하다가, 나중에 필요하면 재차 어휘사전에 접근하여 기능적 어휘항목을 선택하는 작업을 한다는 뜻이다. 그러면 배번집합도 두 번 만들어야 한다.

이에 반대하여 배번집합은 단 한번 만들고 그걸로 끝내야 한다는 입장이 있을 수 있다. 그러나 어떤 기능적 요소가 필요할지 알지도 못하는 불확실한 단계에서 아무런 근거도 없이 단어선정작업을 할 수가 없고, 그것이 치명적 문제라서 이런 입장은 성립할 수조차 없다. 차라리 배번집합을 두 번 만드는 것이 간단하며, 알지도 못하는 단어를 뽑아오라는 것은 통사적 연산장치에 막대한 부담을 준다. 이런 작업에 성공하려면 예언자처럼 미래를 내다보는 초능력(look-ahead ability)이 필요하다. 두 가지 입장을 비교하면, 처음 배번집합은 어휘요소만으로 만들고, 나중에 필요할 때 그리고 필요한 기능적 요소가 무엇인지 확실해진 순간에 다시 한 번 배번집합을 통해 기능적 요소를 집어넣는 것이 훨씬 경제적이고 간단하다.

둘째로, Cinque(1999)의 반대 입장을 살펴보자. 부사의 복잡하고 다양한 위치를 선택제약으로 설명하기 위해 47개의 기능적 범주와 그를 관할하는 가공의 핵을 만들었다. 그는 처음부터 배번집합이 기능적 요소를 포함해야 한다는 입장이다. 상위의 기능적 핵이 이러한 기능적 요소들을 배번집합에 포함시키도록 유도하므로 선택제약으로 설명할 수 있다는 것이다. 만일 이 입장을 따른다면, 모든 부사는 반드시 나타나야 하는 필수요소라야 한다. 그러나 부사는 오든 안 오든 문법성에 영향을 미치지 못하는 선택적 요소라는 것이 그 본질이다. 또한 억지로 만들어 낸 선택제약은 다른 곳에서는 전혀 그 존재의 타당성을 입증할 수 없는 부자연스러운 것이다. 게다가, 의미부의 관점에서 보면 어떤 의미적 기여도 없음에도 불구하고 억지로 선택제약이라고 주장한다면 완전해석(FI)을 위반하는 것이다.

마지막 반대 입장으로, 다른 기능적 요소는 배번집합에 못 오지만, C만은 배번집합에 올 수 있고, 그래서 예외적이라는 주장을 할 수 있다. C는 국면의 핵이며 배번집합을 둘로 쪼개는 중요한 역할을 한다는 것이 그 근거이다. 그러나 어휘적 핵에서 나오는 선택제약이 배번집합을 결정짓는 유일한 기준이므로 이러한 입장 역시 받아들일 수 없다.

## 3.2 국면생성

Chomsky(2000, 2005, 2008)에 의하면 국면은 CP와 $v$*P의 두 가지이다. 논항구조를 대표하는 기본단위가 $v$*P이고 시제와 초점을 포함한 문장구조를 대표하는 기본단위가 CP이다. Chomsky는 배번집합을 둘로 쪼개어 작업하는 것을 인정하지만, 그래도 반드시 C나 $v$*를 포함해야 한다고 주장한다. 그러나 꼭 그래야 할 아무런 근거가 없다. 어휘적 핵이 가지는 선택제약을 기준으로 보면 $v$*P는 논항구조로서 어휘적 국면이라고 볼 수 있지만, 시제나 초점에 의존한 CP는 어휘적 선택제약에 의한 것이 아니므로 국면이라고 보기 힘들다.

국면은 다중전이의 대상이며, 항상 확실한 원리에 의해 규정되어야 한다. 접합면 조건에 비추어 타당성이 검증되는 것만 국면으로 인정해야 한다. 통사적 연산장치인 SC가 작업개시를 하기 전에 그 물건이 국면인지 아닌지 알아보려고 무슨 짓을 한다면, 그것은 "미리보기" 문제를 유발한다. Chomsky(2001)은 CI 문법모델은 명제를 요구하며, 초점구조 CP와 논항구조 $v$*P를 국면으로 인정한다. 둘 다 절이라는 것이다. 그러나 왜 CP대신 TP를 국면을 인정하지 않는가? TP도 직설법 초점과 시제를 가진 초점구조이다. 더 큰 문제는 왜 CI 문법모델이 명제(절)를 필요로 하는지 아무런 이유가 없다는 것이다. CP의 C와 $v$*P의 V는 각각 기능적 자질과 어휘적 자질들이 모인 장소이며, 전이, Agree, 내부병합이 그 자질로 인해 촉발된다. 그러나 접합면조건으로 보면 여전히 왜 그래야 하는지 의문이 남는다. 강력최소주의는 출발과 끝이 완전한 일치를 이루며 서로가 서로를 뒷받침하는 토대가 될 것을 요구한다. 국면은 접합면으로 갈 것이므로, 그것이 왜 국면인지도 접합면조건으로 정당화되어야 한다. 그러나 CP는 접합면 조건으로 검증되지 않고, 따라서 국면이 아니다.

## 3.3 다중전이

전이는 도출과정을 끝낸 통사체를 의미해석이나 발음을 담당한 접합면으로 보내는 작용이다. 전이는 국면의 크기를 결정한다. 접합면조건 역시 국면이 어떠해야 하는지에 영향을 미친다. Chomsky는 특별한 설명 없이 명제를 국면으로 보는 것이 당연하다고 여기고, 기능적 핵 C를 포함한 CP, 어휘적 핵 $v*$를 포함한 $v*$P를 국면으로 보았다. Chomsky(2001)는 연산적 복잡성을 없애기 위하여 다중 전이를 이용하였다. 비해석성 자질들은 Agree에 의해 점검을 받는다. 그 과정에서 다중 전이가 필요하다. 그러나 Epstein & Seely(2002)는 이미 이러한 분석이 잘못이라고 명백한 근거를 들어 규명한 바가 있다. 만일 전이가 요구하는 것이 오로지 최소성(minimality)라면 $v*$P/CP 보다 작은 단위인 VP, AP, TP가 국면이 되지 못할 이유가 없다.

## 4. 기존 문법모델에 대한 비판

Chomsky의 CI model은 절의 기본단위를 국면으로 삼고, 기능적 자질의 보유자인 C와 어휘적 자질의 보유자인 $v*$를 포함한 최소단위를 국면으로 간주한다. 내부병합이 일어난 다음에 비로소 NP에 의미역을 부여한다. 그러므로 CI모델은 배번집합과 아무상관 없이 돌아간다. 첫째 문제는 병합은 의미역 구조와 아무 상관이 없기 때문에, 반드시 올바른 논항구조를 얻을 수 있다는 보장이 없다. 둘째 문제는 통사부로 하여금 미래예측능력을 요구한다는 점이다. 통사부는 국면을 받은 다음, 의미역 구조에 대한 정보 없이 그냥 내부병합을 마구잡이로 한다. 이것은 정교하고 체계적인 연산장치에는 어울리지 않는 일이다.

Chomsky(2007)는 국면 핵($v^*$, C)의 표지(label)가 선택제약(selection)에 대한 모든 정보를 담고 있다고 본다. 이를 활용하면 병합이 미래예측을 해야 한다는 문제를 피해 작업할 수 있다고 본다. 그러나 분명히 그의 이론에서는 선택제약이 있는 유일한 장소는 의미부인 CI이다. 의미부(CI)와 통사부는 완전히 분리되어 있기 때문에 선택제약은 통사부의 병합에 영향을 미칠 수가 없다.

Chomsky의 이론에 의하면 먼저 배번집합을 추출하고 나중에 병합이 일어난다. 둘 다 통사부에서 일어나는 작업이며 의미부에만 있는 선택제약을 활용할 수 없기 때문에, 모르는 정보를 활용하여 작업을 해야 하는 "미리보기" 문제가 생긴다. 그러므로 이런 이론은 받아들일 수 없다. 마지막으로, Chomsky는 목적어를 가진 모든 종류의 동사구는 의미부(CI)에서 의미역 점검을 받는다고 주장한다. VP구조를 생성하는 통사부에서는 알 수가 없다는 뜻이다. 그가 특히 강조한 대목은 의미역을 배제한 순수한 통사구조만 분리해서 다루면, 통사적 연산장치가 훨씬 신속하게 잘못된 구조를 잡아내고 제거할 수 있을 것이라고 믿는다는 것이다. 그러나 왜 VP가 의미역점검을 위하여 의미부에 가서 기다려야 하는지 아무 근거를 대지 않는다. 이런 모델은 구조적으로는 좋지만 의미상 잘못된 문장구조들을 마음대로 생산할 것이다.

지금까지 언급한 문제들을 해결하기 위하여 의미부에만 개념과 의도를 분리할 것이 아니라, 의미부-통상부-접합면 전체를 통해 일관성 있게 분업체제를 이루는 새로운 문법모델을 제안한다. 의미부는 Uriagereka (1999)의 주장대로 개념만 다루는 의미부(C-S), 의도만 다루는 의미부(I-S)로 분리한다. 새로운 제안은 C-S가 배번집합과 직접 연결되어 있다는 것이다. 그리고 개념의미부-배번집합-통사부(병합)-접합면의 전반적 도출과정에서 항상 접합면조건(IC)을 준수해야 한다고 본다는 점이다. 그리고 의도의미부(I-S)에서 출발한 기능적 국면은 통사부를 거쳐 접합면으로 가는 동안 항상 접합면 조건을 준수한다. Chomsky의 CI 모델과 구별하여, 완전한 분업체계를 갖춘 새로운 모델을 C/I모델이라고 부르겠다. 그러면 어휘적 요소들로 이루어진 국면은 사건과 관련된 정보를 담고, 반면에 기능적 요소들로 이루어진 국면은 의도(상상, 확률, 초점, 의문)와 관련된 정보를 담고 있으며 처음부터 끝까지 서로 다른 장소에서 생성된다. 순수한 어휘정보만 다루는 C-S는 배번집합과 직접 연결되며, 배번집합은 선택제약을 그대로 반영하며, 선택제약에 의해 필요한 단어들을 선택한다. C-S는 보존조건을 준수한다고 가정하면 위와 같은 목적을 달성할 수 있다.

(1)  보존조건(Conservation Condition)
     SC는 의미부에서 주어진 모든 자질들을 그대로 보존한다.
     통사적 운용에도 불구하고 어휘적 정보(의미역)는 그대로
     불변이어야 한다.

사건구조(event structure)는 어휘범주들과 동사(V/*v*\*)로 이루어진다. 그렇다면 시제는 어디에 속하는가? 어떤 특정한 사건은 반드시 특정한 시점이 주어진다. 시제는 C-S자질을 가지고 있고 개념의미부에 다루어야 한다. 따라서 C-S가 처리하는 어휘적 핵은 V, *v*\*, T이다. C-S가 도출한 국면은 어휘적 국면이며 TP이다. 그 안에서 격이나 의미역과 같은 모든 어휘적 자질들이 만족되며 완전한 통사단위(Chomsky 1996)이다. 보존조건이 타당하려면, 이론상 필요해서 억지로 만들어낸 것이 아니라 다른 곳에서도 긍정적 효과를 발휘해야 한다. 보존조건은 투사원리(Projection Principle)와 동일한 효과를 낳는다. 이동이나 병합에도 불구하고, 본래의 논항구조나 어휘적 정보를 훼손하지 않고 그대로 보존하려면, 통사적 운용은 지극히 제한적이어야 한다.

구조보존원리나 투사원리나 보존조건이나 통사적 변형이 과도하지 않도록 적절히 통제한다는 점에서 그 효과는 동일하다. 모든 선택적 요소, 기능적 요소들은 개념이 아니라 의도에 속한다. 배번집합은 이들을 포함하지 않으며, 나중에 SC를 통과하는 중간과정에서 적절한 위치에 기능적 요소를 집어넣는 통사적 운용이 필요하다. Wh나 부사와 같은 선택적 요소를 나중에 집어넣는 통사적 운용을 집어넣기(throwing in)이라고 이름을 붙이자. 이 과정은 TP가 아니고 CP를 기본단위로 하여 이루어진다.

## 5. 새로운 문법모델

과거 이론에서 배번집합은 최초에 모든 항목, 즉 어휘적 요소와 기능적 요소를 어휘사전에서 추출하고, 다시는 수정하지 않는 성질을 가지고 있었다. 그러나 새로운 모델에서는 그러한 배번집합의 정의에 반대한다. 처음에는 어휘적 항목만 추려내고, 그것만 가지고 특정 사건을 의미하는 논항구조를 만든다. 또한 그 사건이 언제 일어났는지 그 시점을 특정하기 위하여 시제를 결정한다. 그러면 시제절 TP가 완성된다. 여기까지가 최초의 배번집합이 담당하는 역할이다. CP에 나타나는 기능적 요소는 최초의 배번집합이 다룰 성질이 아니며 그 역할의 범위를 벗어나는 것이다. 수정된 배번집합의 개념을 다음과 같이 정의내릴 수 있다.

(2) numeration(배번집합)의 정의
    시제를 포함한 사건구조(event structure)를 표현하기 위한
    최소단위의 어휘적, 기능적 요소(=TP)

선택적 성질을 지닌 유일한 통사적 운용이 OS이다. 목적어 이동(Object Shift: OS)처럼 집어넣기(throwing in)의 성질은 선택적이면서 의미변화를 유발하는 통사적 운용이다. 과거의 이론에서 OS에 대한 Chomsky (2001)의 설명은 다음과 같다.

(3) OS는 선택적이며, 의미변화가 필요할 때에만 적용된다. 핵
    심 타동사 $v^*$에 EPP 자질이 있으면, 그것으로 인해 연속적
    $\bar{A}$-이동이 일어난다.
    ① $v^*$는 항상 EPP 자질을 가지는 것이 아니라, 직접적 의

미해석의 변화가 있을 때에만 EPP 자질을 가진다.

② $v$*P의 EPP자리는 Int(Intrinsitive) 자질을 부여받는다.

③ $v$*P의 음운적 경계에서 XP는 Int' 자질을 부여받는다.
$v$*P의 EPP자리가 타동사인 경우에만 OS가 일어난다.
그로 인해 OS는 새로운 의미를 만들어내고, 의미에 영향
을 미친다.

요약하면, Chomsky는 모든 선택적 운용은 그로 인해 직접적 의미 변화
를 가져올 때에만 일어난다고 주장한다. 즉, 접합면조건(IC)을 충족하기
위하여 반드시 필요한 경우에만 OS와 같은 선택적 운용을 허용한다. 이
점을 핵심으로 보고 Chomsky의 제안을 의미에 초점을 두어 다시 쓰면
새 결과물 조건(New Outcome Condition: NOC)이 된다.

(4)  새 결과물 조건(NOC)
새로운 의미해석을 요구한다면 선택적 통상규칙을 허용한
다. 상황이 이러하다면, 기능적 요소를 배번집합에 나중에
집어넣는 통사규칙(throwing in)은 이 조건에 딱 들어맞는
다. 따라서 의미변화상 필요하다면 얼마든지 가능하다.

## 5.1 계층적 다원구조

SC는 접합면조건(IC)을 항상 준수해야 한다. 그런데 접합면조건은 본래
부터 SemC가 부과한 것이다. 그런 이유로 의미부와 통사부와 접합면은
각각 분리되어 독립적으로 작업을 진행하지만, 그럼에도 불구하고 규칙
적인 일관성을 보여주는 유기적 성질을 띠고 있다. 그러므로 SC는
SemC와 동일한 규칙성을 보여준다. IC는 SC가 전이한 모든 국면이

SemC에서 해석가능해야 한다고 요구한다. 만일 의미부와 통사부가 동일한 구조를 가진다면, 상하관계가 있는 수직구조인 통사구조를 전이받아 해석하는 의미접합면(SemC)도 작업하는 방이 하나가 아니라 여럿인 다원구조이며 위층과 아래층이 존재하는 입체적 구조물이라고 보아야 한다. 상하관계(hierarchy)와 다원성(dimensionality)을 보유한 계층적이며 다원적인 의미해석을 위한 구조물(Hierarchical dimensional semantic interpretative structure: HDS)이 바로 SemC의 실제 모습이다. 이러한 주장은 Uriagereka(2002 b)에 의하여 도입되었다. HDS는 크게 두 부분으로 나눌 수 있다. 기본적 논항구조를 단일한 방식으로 다루는 일원구조(simple dimension, iD), 그리고 선택적 요소, 의도적 요소, 기능적 요소를 각자의 특징에 맞도록 다양한 작업 방식으로 처리하는 다원구조(multiple dimension)가 있다. 일원구조는 아래층에 있고, 다원구조는 위층에 있다.

그렇기 때문에 기능적 요소는 항상 문장 전체의 의미를 변화시키는 광의의 작용역(wide scope)을 가지는 특징을 보여주지만, 논항구조는 단지 사건의 내용에만 영향을 준다. 위와 아래 계층성을 가지는 복층구조물로 의미부를 설정하면 그런 점을 자연스럽게 포착할 수 있다.

Uriagereka(2002 b)는 일원구조(iD)에서는 문장의 핵심을 이루는 기본 명제를 처리한다고 주장한다. 그런데 명제는 항상 술어를 동반한다. Davidson(1967)에 의하면, 술어는 항상 사건술어이다. 그러므로 의미접합면의 기본차원에서 다루는 단위는 명제이면서 사건이라야 한다. 그런데 사건은 항상 때를 동반한다. T는 특정사건을 특정 시점에 고정시켜

주는 역할을 한다. 따라서 iD에서 처리하는 통사체의 기본단위는 TP이다. 때를 특정할 수 있는 사건만이 현실세상에서 실제로 일어난 것으로 여겨지고 구체성을 획득한다는 것이 Ogihara(2006)의 견해이다. 그러므로 iD에서 TP에 주어지는 의미해석은 현실에서 어떤 사건이다. 이런 것을 해석하는 일은 매우 간단한 작업이다.

(5)  Kyoko met Hideki (교꼬는 히데끼를 만났다)
Kyoko-ga        Hideki-ni      atta.
Kyoko-ga        Hideki-dat     met
'Kyoko met hideki.'

(5)는 모든 NP가 기저생성된 것이고 '만남'이라는 사건이 과거시점에 일어났다는 의미해석을 담고 있다. TP는 통사적 관점으로 보면 어휘적 요소의 최대투사범주(Maximal Projection)이며, 의미적 관점으로 보면 HDS의 iD에서 다루는 최소의 기본단위이다. 보존조건으로 보아도 합당한 결과이다. 어휘적 요소들은 통사부를 통과하면 TP로 투사되며, TP는 전이대상이며 어휘적 국면이다. TP를 해석하는 것은 매우 간단하므로 상하구조로 이루어진 의미해석구조에서 아래층에 있는 일원구조로 보내면 금방 올바른 해석이 나온다.

반면에, 기능적 요소와 같이 해석이 복잡한 요소나 선택적 요소는 위층에 있는 다원구조(multiple dimension)로 보낸다. 화제나 초점이라는 담화적 요소, 확실성을 뜻하는 추측조동사, 의문사와 각종 양화사는 각각 복잡한 경우의 수를 가지고 있다. 기본적 어휘요소와는 전혀 다른 속성을 가지고 있으므로, 다른 장소에서 해석 작업을 진행해야 한다. 과거 Chomsky 이론에서 CP-SPEC 자리에 있던 기능적 핵들은 이제는 접합면에서도 위층에 있는 다원구조로 전이되어 복잡한 처리과정을 거쳐야 올바른 해석을 얻게 된다. 즉, 하나의 CP에서 SPEC 자리에 있는 기능적 요소들과 TP에 있는 어휘적 요소들을 따로 분리하여 별개의 작업장에서 처리해야 한다.

새로운 제안을 따른다면, 더 유리한 점이 세 가지 있다. 첫째, 의미해석이 까다로운 화제, 확실성과 같은 담화적 요소를 따로 떼어 다원구조로 보내고, 다만 사건(event)만 해석하는 단순작업은 일원구조(simple dimension)가 전담하도록 분업체계를 만들면, 그 작업부담이 대폭 줄어든다. 서로 이질적인 것을 하나의 공간에서 한꺼번에 처리하려면 해결 불가능한 난관에 봉착한다. 의미해석을 둘로 쪼개 분업하면 그런 걸림돌이 사라진다. 둘째, CP의 SPEC자리에 오는 기능적 국면은 그에 대응하는 별도의 의미적 단위가 필요하다. 어휘적 국면은 사건이라는 단 하나의 의미적 단위로 일대일 대응관계를 이룬다. 그러나 기능적 국면은 매우 복잡하여 다양한 의미적 단위를 필요로 한다. 마지막으로, 명사, 동사, 형용사와 같은 어휘적 요소들은 추상명사, 가산명사, 물질명사와 같은 개념을 가리킨다. 가산명사는 수를 셀 수 있고, 사건술어는 몇 번인지 수를 셀 수 있다. 반대로 CP-SPEC 자리에 오는 기능적 요소들은 어떤 물체를 가리키는 말이 아니며 그 수를 셀 수 없다. 기능적 요소가 뜻하는 것은 화자의 관점이며 특별히 강조하고 싶은 곳이며 말한 내용이 얼마나 확실한지 확률로 표시하는 것이다. 공통점은 문장 전체에 대한 태도와 관점과 확실성을 조율하는 것이며 가산성과 아무 상관이 없다.

따라서 이런 요소들을 어휘적 요소와 분리하여 다루는 것은 지극히 당연하다.

기능적 요소를 다원구조(MD)에서 다루는 것이 좋다는 것을 증명하는 근거들은 많다. Rizzi(1997)에 보면, 이태리어 문장에서 화제와 초점은 CP-SPEC 자리에 온다.

(6)  a. A **Gianni**, <u>questo</u>, domani  gli    dovremmo dire.
        to Gianni this   tomorrow to-him should    tell.2SG
        'As for Gianni, this, you should tell it to him tomorrow.'
    b. **Un libro di poesie**, <u>a</u> <u>Gianni</u>, lo   regalerete.
        a   book of poems  to Gianni you  will-give-it
        'As for a book of poems, Gianni, you will give it to him.'

(6)에서 보듯이, 화제가 되는 요소는 문장 맨 앞자리에 온다. 화제를 다루는 방식은 이태리어, 독일어, 그리스어가 조금씩 다르지만 공통점은 가장 왼쪽 가장자리에 온다는 점이다.

(7)  a. **Diesen Mann**－ihn habe ich noch nie    gesehen.
        this.ACC man  him have I   yet   never  seen
        'This man, I have never seen him before.'
    b. **Diesen Mann**, den       kenne ich nicht.
        this    man  that-one.ACC know I   not
        'This man, I do not know him.'

c. **Afton   ton   andra,**   dhen   ton   ksero.

this.$_{ACC}$   the.$_{ACC}$   man.$_{ACC}$   not   him   know.$_{1SG}$

'This man, I do not know him.'

(7a)는 독일어 문장 맨 앞에 화제가 온 경우이고 (7b)는 종속절 맨 앞에 화제가 온 경우이다. (7c)는 접사(clitic)보다 앞에 화제가 온 경우이며 그리스어에서 나타난다.

(7)   c. This man, I do not know him.

일본어에서 화제는 반드시 문두에 와야 하며, (8)의 예문에서 확인할 수 있다.

(8)   a. **Doobutu-wa**   riku-ni      sum-u.
         animals-TOP   land-on   live-PRES
         'As for animals, they live on land.'
      b. Riku-ni      doobutu-wa   sum-u.
         land-on   animals-TOP   live-PRES
         'Animals will live on land.'

(8a)는 모든 동물이라는 뜻이며, (8b)는 그런 뜻이 아니다. 화제는 의미 변화를 일으키고 전체 문장에 영향을 주므로, 문장 가장자리에 두고, 의미해석을 할 때에는 작업하는 방이 여러 개 있고 의미부의 위층에 있는 다원구조(MD)로 보낸다.

일본어는 확실성을 세밀하게 표현하는 통사적 장치를 다양한 동사어미로 표현한다(Endo 2006, 2007). 다만 일본어는 핵이 마지막에 오는 언어이므로 가장자리 요소는 맨 앞이 아니라 맨 끝에 온다.

(9)　a. Kyoko-ga　　ku-ru-yo.
　　　　Kyoko-NOM　come-PRES-emphatic
　　　　'I am sure that Kyoko will come.'
　　b. Kyoko-ga　　ku-ru-kana.
　　　　Kyoko-NOM　come-PRES-uncertain
　　　　'I'm wondering if Kyoko comes.'

Speas(2004)는 Quechua라는 부족언어에서도 문장 맨 끝에 단일한 형태소를 붙여 추측조동사로 사용하는 경우가 있음을 예문으로 증명한다.

(10)　a. Wan⁻u-nqa-paq-mi.
　　　　it-will-die-evidential
　　　　'It will die (I assert).'
　　b. Wan⁻u-nqa-paq-shi.
　　　　it-will-die-evidential
　　　　'It will die (I was told).'
　　c. Wan⁻u-nqa-paq-chi.
　　　　it-will-die-evidential
　　　　'It will die (perhaps).'

여기에서도 기능적 요소가 한결같이 가장자리에 오는 것을 확인할 수 있다. 이러한 기능적 요소는 문장전체에 영향을 주고, 의미해석을 변화시키므로 일원구조보다 상위에 있는 다원구조(MD)로 보내는 것이 타당하다.

(11) 계층적 다원구조(HDS)

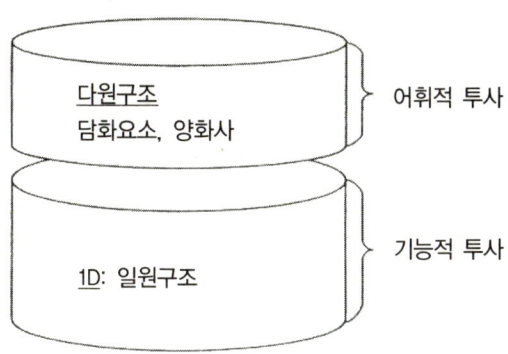

(12) 사상조건(Mapping Condition): 통사적 단위는 그 통사적 난
    이도(syntactic height)에 따라 적당한 높이의 HDS로 사상
    한다.

MC는 SC를 **빠져나온** 통사적 단위가 의미해석을 받기위해 어떤 장소로 가면 좋을지 정해준다. 어휘적 국면 TP는 일원구조로 가고, CP의 가장자리에 있는 기능적 국면은 그보다 상위에 있는 다원구조로 간다. 의미해석 접합면은 배번집합을 쪼개어 그 성질에 따라 처리하는 분업적이고 입체적인 구조물이다.

## 5.2 집어넣기와 외부방출

어휘국면과 기능국면을 분리하여 다루는 HDS에 입각하여, 집어넣기와 외부방출이라는 통사적 작용에 대하여 생각해보자. 어휘요소는 선택제약에 의해 처음부터 배번집합에 포함되는 필수요소이다. 그러나 기능요소는 SC가 통사적 도출작업을 하는 도중에, 중간에 집어넣기에 의하여 새로 삽입된 요소이다. 그렇다면 무엇이 집어넣기를 하도록 유도하는가? 집어넣기를 해야 할 때, 안 한다면 NOC를 위반한다. 따라서 집어넣기를 한 것과 안 한 것 중에 NOC를 만족하는 것을 전이하게 된다. 기능적 요소는 선택적이며, 필요할 때 안하면, NOC 위반으로 자동으로 제거된다. 이런 방식을 택하면, "미리보기" 문제를 일으키지 않고, 그 단계에 걸쳐서 어휘요소와 기능요소를 포함한 통사적 단위를 생성할 수 있다.

외부방출과 HDS는 어떤 관계를 맺고 있는가? SC는 선택적으로 집어넣기를 하고, 작업완료단계에 도달하면 외부방출을 한다. 완성품은 다중전이에 의하여 다른 곳으로 이동한다. 작업을 멈춤과 동시에 전이가 시작된다. HDS와 사상조건(MC)이 존재하므로 그 덕분에 전이는 저절로 올바르게 진행된다. 처음에 기능적요소와 어휘적요소를 분리하여 C-S 와 I-S에서 다루고 배번집합에 포함되는 시기도 다르고 SC에서도 서로 다른 취급을 하다가, 완성되면 각각 서로 다른 장소로 보내 의미해석을 받도록 한다. 집어넣기는 SC가 작업 중간에 필요한 순간이 오면 선택적으로 하는 것이고 외부방출은 작업종료단계에서 SC가 어휘적 국면과 기능적 국면으로 쪼개 각각 전이한다. 집어넣기가 먼저 일어나고 작업종

료단계에서 외부방출이 나중에 일어나는 것은 아무 규칙이 없어도 저절로 그런 방향으로 일이 돌아갈 것이다. 따라서 규칙순서에 대한 별도의 규정은 불필요하다.

## 5.3 포함조건

통사부가 통사적 작업을 하는 과정에서 어떤 재료도 변경하거나 추가하지 못한다는 것이 포함조건이다. 이 조건은 통사부가 작업하다 중간에 어휘사전에 접근하지 못하도록 차단하는 효과가 있다. 만일 포함조건을 강력하게 밀어붙이면, 작업 중간에 집어넣기를 하는 것은 금지된다. 만일 통사부가 작업하다 말고, 어휘사전에 없고 다만 통사적 설명을 위해 인위적으로 설정한 요소(trace)를 집어넣는 것은 금지된다. 그러나 가장자리에 선택적으로 존재하며 의미상 필요한 기능적 요소(Wh, F)를 집어넣는 것은 허용해야 한다. 포함조건은 최소주의에 비추어보면 그 타당성이 인정된다.

그러나 접합면 조건을 기준으로 볼 때에도 포함조건이 타당할까? 접합면 조건을 중심에 두는 CI 모델에서도 경제성은 중요한 원리이다. 만일 SC가 활용할 재료를 어휘사전에 이미 있는 자질과 단어로 제한하지 않으면 연산장치에 너무 복잡한 부담을 주는 결과를 초래한다. 연산적 경제성을 준수하려면, SC는 작은 국면부터 차근차근 작업해서, 점점 큰 단위로 옮겨가야 한다. 즉, 경제성을 지키면 통사적 국부성은 당연히 발생하는 현상이다. 하나의 국면을 끝내고 다음 국면으로 넘어가기 직전에 가장자리에 채워야 할 기능적 자질이나 요소가 있으면, 다시 처음부터 어휘사전에 접근하여 집어넣기를 하여, 배번집합을 수정한다.

모든 작업을 마치면 통사부는 배번집합을 둘로 쪼개어 어휘적 국면은
단순작업을 하는 아래층으로 보내고 기능적 국면은 복잡한 작업을 담당
하는 위층으로 보낸다. 전이처가 각각 다르므로 전이도 두 번 해야 한
다. 이것이 다중전이(multiple Transfer) 이다. 포함조건의 정신을 그대
로 간직한 것이 보존조건이다. 어휘적 요소는 초기 배번집합 그대로 유
지해야 하므로 중간에 집어넣기가 금지되지만 기능적 요소는 반드시 통
사부가 중간에 집어넣기를 해야 올바른 문장이 나온다. 상황이 이와 같
기 때문에 보존조건을 약간 수정하여 어휘항목에만 적용되도록 개정할
필요가 있다.

(13) 보존 조건: 통사부는 통사적 도출과정 내내 모든 C-S 자질
        들을 그대로 유지해야 한다.

어휘적 요소와 기능적 요소는 그 성질이 다르고, 배번집합에 들어가는
시기도 다르고, 보존조건의 적용여부도 다르다. 그러므로 통사부가 작업
도중에 기능적 요소를 집어넣는 것을 방해하지 않으면서도 다른 한 편
으로는 어휘항목을 새로 추가하는 것을 엄격히 제한하려는 두 가지 목
적을 (13)의 보존조건으로 달성할 수 있다.

## 5.4 기존모델과 신규모델의 비교

국면에는 두 가지 종류가 있다. 어휘적 국면과 기능적 국면은 국부성을
유발하는 원인이 된다. 도표 1를 보면 두 개의 공통점과 차이점을 한 눈

에 파악할 수 있다.

〈도표 1〉

|  | 투입 | 통사부 | 의미부 |
|---|---|---|---|
| 필수적 | 배번집합 | TP(어휘적 투사) | iD(사건+시제) |
| 선택적 | 집어넣기 | CP(기능적 투사) | 복합차원 |

〈도표 2〉 공통점과 차이점

|  | 필수적 | 선택적 |
|---|---|---|
| 접합면조건 | 보조조건 | 새 결과물 조건(NOC) |
| 투입 | 배번집합 | 집어넣기 |
| 통사적 요소 | 어휘적 요소 & $v/v^*/T$ | 기능적 요소 |
| 통사부 | TP<br>어휘적 투사<br>어휘적 구<br>논항 이동 | CP<br>기능적 투사<br>기능적 구<br>비논항 이동 |
| 의미부(SemC) | 일원구조(iD) | 다원구조(MD) |

지금까지의 논의를 종합하면 다음과 같은 결론에 도달한다. 강력최소주의와 접합면 조건(IC)을 기준으로 본다면 C/I 모델이 C-S 모델보다 우월하다. 어휘적 요소와 기능적 요소는 처음 통사단위에 들어가는 방법부터 통사적 도출과정, 완성단계에서 전이과정, 의미해석을 위한 장소에 이르기까지 모든 것이 한결같이 다르다. 논항과 비논항을 구별하던 A/A' 이동에서부터 현재에 이르기까지 기본적 논항구조는 의미해석이 단순하지만, 가장자리 SPEC에 오는 각종 기능적 요소는 그 해석이 참으로 복잡하다. C/I 모델에서는 처음부터 끝까지 선택적이고 기능적 요소들을 따로 분리하고, 그들만을 위한 접합면 조건(IC), 통사부(SC), 의

미부(SemC)를 만들어 완전분업 시스템으로 문법모델을 다시 설계하였다. 단순히 표면상 하나의 문장 속에 있을 뿐인, 어휘적 요소와 기능적 요소는 처음부터 끝까지 다르게 처리해야 할 이질적 요소임을 규명하였다. 도출모델을 이같이 설계한다면 Chomsky C-S 모델에서 생기는 미래예측력의 문제를 제거할 수 있다. 또한 어휘적 요소를 지배하는 IC는 보존조건이지만, 기능적 요소를 지배하는 IC는 새 결과물 조건(NOC)이다. 새로운 C/I 모델은 언어능력은 IC(접합면조건)에 대한 최적의 답안이어야 한다는 명제에 완전히 일치하는 문법모델이다.

# 4장

# 접합면조건의 충돌

최소주의이론은 언어를 소리와 의미를 연결하는 완벽한 도구로 다룬다 (Chomsky 2000, 2001, 2005, 2008, Lasnik 2002). 즉 언어는 언어능력과 인접한 감각체계와 인지체계가 부여하는 조건들을 준수하는 최적의 해결책이다. 그러나 언어에는 일치나 이탈과 같은 외견상 불완전해 보이는 현상들이 존재한다. 그러한 이유로 언어가 완벽하다는 완벽성 가설, 다시 말하면 초강력 최소주의는 너무 지나치게 과격한 주장으로 보일 수 있다. 적어도 네 가지 현상, 즉 비해석성 형식자질, 이탈, 기능범주의 유연성, 언어들 사이에 존재하는 매개변인적 차이에 대하여 어떻게든 설명을 하고, 이러한 설명들이 언어의 완벽성가설과 특별한 모순을 일으키지 않고 조화를 이룰 수 있음을 증명할 필요성이 있다.

여기에서는 위에 언급한 네 가지 특징들이 불완전성에 대한 증거가 아니며, 오히려 언어의 완벽성가설에 의하여 충분히 예측되며, 따라서 피상적 관찰로 보면 언어의 불완전성에 기여하는 것 같아도 깊이 관찰하면 반대로 언어의 완전성가설에 기여하는 특징이라는 점을 설명한다. 간단히 말하면 언어능력에 부여되는 접합면조건들이 서로 충돌할 수 있기 때문에 접합면조건들의 충돌을 해소하기 위하여 차선의 타협안이 필요하다. 만일 일부 접합면조건에만 집착하여 완전성을 발휘한다면, 그만큼 다른 접합면조건에는 매우 커다란 불완전성을 노출하는 결과를 초래할 것이다. 따라서 접합면조건들이 서로 충돌할 때 언어의 완벽성을 좀 더 잘 유지할 수 있는 조건을 택하게 된다. 균형이 잘 잡힌 불완전성이 이러한 갈등국면에서는 최선의 해결안이 된다. 따라서 4장에서는 위에 언급한 네 가지 특징들이야말로 언어의 완벽성가설을 보여주는 증거이며 그것에서 파생된 부수적 현상(epiphenomena)이라는 것을 보여준다.

우리의 논의는 다음과 같은 순서대로 전개될 것이다. 1절에서는 언어의 완벽성가설인 초강력최소주의(Strongest Minimalist Thesis, Chomsky 2005)와 두 가지 접합면조건을 다룬다. 2절에서는 네 가지 특징들이 왜 완벽성가설과 모순되는 것처럼 보이는지 그 이유를 다룬다. 3절에서는 문법의 최적성의 개념을 다루고 이탈현상과 비해석성 형식자질이 서로 상충하는 접합면조건 때문에 발생한다는 것을 보여준다. 4절에서는 기능핵과 기능핵의 투사를 다룬다. 기능핵은 보편 문법이지만 반대로 형식자질은 보편문법에 속하지 않는다. 형식자질은 후천적으로 습득되는 것이다. 비해석성 자질들이 존재하기 때문인데, 나중에 형식자질이 습득된다는 것을 증명한다. 5절에서는 UG는 완벽한 문법인데, 매개변인의 차이가 생기는 것은 그것이 UG에 주어진 다양한 표시 방법을 습득한 결과라는 주장을 제기한다.

## 1. 완벽성가설

언어의 완벽성이란 초강력최소주의(the strongest Minimalist Hypothesis)를 의미한다. 초강력최소주의에 따르면 "언어는 언어능력이 준수해야하는 접합면조건들에 대한 최적의 도구이다."[7] 이러한 주장은 언어가 인간의 사고를 표현한다는 철학으로 거슬러 올라간다. 즉 언어 능력은 하나의 정신적 기관으로 문장과 문장이 의미하는 것을 연결하는 두 개의 접합면, 감각동작(Sensorimotor: SM)접합면과 개념의도 (Conceptual-Intentional: CI)접합면과 연결되어 있다. 이것을 도식화하면 다음과 같다.

(1)

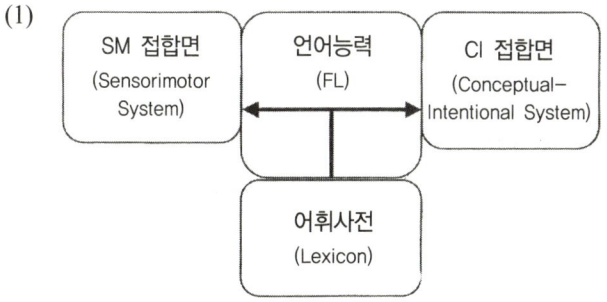

(1)의 도식을 보면, 언어능력(FL)은 어휘부(Lexicon)로부터 자료를 받아서 SM이나 CI 접합면으로 결과물을 보낸다. FL의 결과물이 SM과 CI의 입력이 되기 때문에, 도출 결과물은 각각의 접합면에서 완전하게 해석되어야한다. 즉 두 개의 해석체계는 각각의 접합면으로 구현되며, 모

---

7) "Language is an optimal solution to interface conditions that the Faculty of Language must satisfy" (Chomsky 2005:3).

든 도출은 SM접합면과 CI접합면을 만족시켜야 한다.

여기서 중요한 것은 접합면조건들이 강(hard)조건과 약(soft)조건 두 종류로 나뉘는 것이다. 강조건은 항상 만족되어야 하는 조건이다. 예를 들면, 합성성원리(principle of compositionality)는 CI가 부과하는 강조건으로, 문장의 의미가 그 문장을 구성하는 단어들의 의미와 단어들이 배열된 순서로 결정된다. 만약 합성성원리가 지켜지는 않는다면 FL과 CI의 접합면인 LF에서 도출이 파탄된다. 반면 약조건은 선호도를 나타내는 조건이다. 예를 들면 최후수단(last resort)과 같은 경제성조건은 약조건이다. 최후수단은 이동이 불가능하다는 것이 아니라 이동을 가능하면 지연하라는 것이다. 다시 말해, 이동을 빨리 하는 것보다는 늦게 하는 것을 선호하지만, 그렇다고 이동을 빨리하는 것을 원론적으로 금하는 것은 아니다. 이러한 약조건은 여러 개의 가능한 도출을 비교해서 하나의 도출만 문법적인 것으로 지정한다.

따라서 (1)과 같은 문법모델은 네 종류의 조건을 허용한다. SM과 CI는 각각 강조건과 약조건을 부과할 수 있다. 강조건들은 반드시 지켜져야 하지만, 약조건들은 최적의 방법으로 지켜진다.

그러나 각기 다른 약조건들이 서로 상충할 수 없다고 볼 논리적 근거가 없다. 오히려 각각의 모듈이 독립적으로 기능을 한다면, 각기 다른 모듈에서 부과된 약조건들이 항상 서로 조화를 이룰 필요가 없다. 예를 들면, SM접합면에서 부과된 어떤 한 조건을 따르면 CI접합면에서 부과된 다른 조건을 지키지 못하는 결과를 초래할 수도 있다. 이것은 만약 두

개의 약조건이 서로 상충하면, 여러 방법들로 이러한 조건들을 만족시킨다는 것을 의미한다.[8]

따라서 자연언어는 접합면조건들에 대한 유일한 최적의 방법이 아니라, 다양한 방법으로 다루어져야한다. 이 장에서 다룰 주요 쟁점은 아래의 가설을 받아들여 언어들 간의 매개변인적 차이들을 초강력최소주의에서 초래된 결과로 다루는 것이다.

(2)  초강력 매개변인적 차이가설
     (The Strongest Parametric Variation Hypothesis; SPVH)
     초강력최소주의가 모든 매개변인적 차이를 지배한다.

(2)에 따르면 매개변인적 차이는 언어에 나타나는 불완전한 특성이 아니라 언어의 완벽성의 부수적인 현상이다.

따라서 SMT는 보편문법 뿐 아니라, 이제 개별문법과 모든 가능한 문법들에도 적용된다. 자연언어의 다양한 차이는 FL에 부과된 약조건들이 서로 상충하기 때문이다. SPVH에 따라 언어들의 차이를 보기 전에 FL에 부과되는 두 개의 중요한 조건들을 먼저 살펴보자.

---

8) 여기서 여러 방법들은 모두 동등한 최적의 방법들이다.

## 2. 최적의 문법모델

두 개의 접합면에서 적용되는 강조건과 약조건을 좀 더 자세히 살펴보자. 해석이 기능적용(Functional Application)과 서술부수식(Predicate Modification)을 따라야 한다는 것은 CI의 강조건이다. 이러한 강조건은 비해석성자질이 없는 구조를 비해석성자질이 있는 구조보다 선호하는 단순성척도(simplicity metric)를 초래한다. 마찬가지로 SM의 관점에서는 운율(prosodic) 구조가 단순한 것을 복잡한 것보다 더 선호한다고 가정한다.

### 2.1 CI 접합면에서 본 최적 모델

CI체계가 FL에 어떤 조건들을 부과하는지 살펴보기 위해서 전적으로 CI 중심적인 언어가 있다고 가정해보자. 의미적 관점에서 보면 언어구조에서 가장 중요한 조건은 합성적 해석을 허용하는 것이다.[9] 즉, (3)의 α와 같은 비말단 요소의 의미해석은 기능적용(Functional Application)과 서술부수식(Predicate Modification)을 통하여 β와 γ로부터 나온다. 이것은 (4)와 (5)에 주어진 Heim & Kratzer(1998) 정의와 같다.

(3)

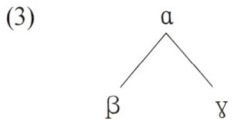

---

9) 합성적 해석에 대한 자세한 설명은 Janssen(1983), Partee(1984), Hendriks (1993), Szabó(2000)를 참고하라.

(4)  FA: If f is the set of daughters of branching node α, and
     $[[\beta]]$ is in $D_{<a,b>}$ and $[[\gamma]]$ is in $D_a$, then $[[\alpha]]=[[\beta]]$
     $([[\gamma]])$

(5)  PM: If $\{\beta,\gamma\}$ is the set of daughters of branching node α,
     and $[[\beta]]$ and $[[\gamma]]$ are both in $D_{<e,t>}$, then $[[\alpha]]=\lambda x,$
     $[[[\beta]](x)$ & $[[\gamma]](x)]$

CI의 관점에서 보면, 맨 위에 있는 절점이 합성적 해석을 위해서 필요로 하는 것 이상의 구조를 가정할 필요가 없다. 다시 말해, 의미가 결여된 요소들에 의해서 투사되는 추상적인 구조를 상정할 이유가 없다. 어떤 특정 어휘항목이 문장의 의미에 아무런 역할을 하지 않는다면, 그 어휘항목이 LF에 존재한다고 가정할 이유가 없다. 이러한 가정은 다음과 같은 두 주장을 낳는다. 첫째는 의미가 결여된 요소들을 LF에서 선호하지 않는데 그것은 의미가 결여된 요소들이 CI의 어떤 조건에 의해서도 존재할 이유가 없기 때문이다. 그렇지만 어떠한 원리도 의미가 없는 요소가 LF에 존재하는 것을 원론적으로 막지 않는다는 것이 두 번째 주장이다. 이러한 두 결론은 다음과 같은 의미단순성척도를 초래한다.

(6)  의미단순성척도(Semantic Simplicity Metric)
     비해석성자질을 적게 가진 구조가 비해석성자질을 많이 가진 구조보다 단순하다.

(6)은 비해석성자질의 출현 자체를 금하지 않기 때문에, 완전해석(Full Interpretation)을 약하게 표현한 것과 같다. 만약 다른 독립적인 이유 때

문에 비해석적인 요소가 LF에 존재할 수 있다면 비해석 요소가 있다는 이유로 문장을 비문으로 처리할 방법이 없다. LF에서 비해석적인 요소들이 필요한 이유는 SM의 약조건 때문이라는 것을 다음에서 제안하겠다.

## 2.2 SM 접합면에서 본 최적 모델

잘 알려져 있듯이 통사구조는 항상 합성성원리를 만족하는 가장 단순한 구조가 아니다. 이것은 언어가 의미조건뿐 아니라 SM접합면이 부과하는 조건들도 만족해야 하기 때문이다. 그렇지 않다면 SMT에 의해서 통사구조는 합성적 해석을 따르는 가장 단순한 구조만을 가져야 한다. 이번에는 순전히 SM접합면에서 보는 관점대로 음성중심으로 언어를 살펴보자.

McCarthy(1986)와 Hopper & Traugott(1933)는 SM접합면은 음운론적으로 강한 요소들보다는 약한 요소들을 선호하고, 첨사(clitic)보다는 접사(affix)를 선호하고, 독립적 어휘보다는 조각난 불변화사(particle)를 선호한다고 주장했다.

(7)  a. 단어(Word) > 음보(Foot)> 음절(Syllable) > 모라(Mora)

    (McCarthy 1986)

   b. 내용어(Content word) > 불변화사(Particle) > 첨사 (Clitic) > 접사(Affix)    (Hopper & Traugott 1993)

(7)과 같은 일반화는 19세기부터 계속 유지되어 왔지만, SM접합면에서

보면 혼란스럽다. 앞 절에서 비해석적인 요소들이 LF에서 선호도가 떨어진다고 주장했다. 그러나 "의미가 많은" 것보다 "의미가 적은" 것에 대한 선호도는 없다. 그러므로 첨사와 같은 작은 단어들을 실사와 같은 큰 단어들보다 선호한다는 주장이 직관적인 듯 보이지만, 사실은 SM접합면이 긴 단어를 선호하지 않는다는 것은 아니다.

그러나 (7)에서 중요한 것은 단어의 길이가 아니라 단어와 단어를 구성하는 요소를 어떻게 구분할 것인가이다. 운율범주로는 문장(utterances: U), 강세구(intonational phrases: I), 운율구(prosodic phrases: φ), 운율단어(prosodic words: ω), 음보(feet: F), 음절(syllables: σ)이 있다. 운율표현이 선형적(liner)이라는 가정을 인정한다면, 운율범주(prosodic categories)들을 운율경계(prosodic boundaries)로 간주할 수 있다.[10] 이것은 음성요소들 사이에 음성적으로 해석할 수 없고, 발음할 수 없는 것들이 끼어들 수 있다는 것을 암시한다. 예로 (8)를 보자.

(8)  $U$ John's $\omega$ father $\phi$ suggested $\omega$ a two-seater $I$ but $\omega$ John's $\omega$ mother $\phi$ preferred $\omega$ a fur $\omega$ coat $U$.

따라서 (7)에 주어진 선호도들은 (9)와 같이 한 개의 선호도로 대체될 수 있다.

(9)  $\sigma > F > \omega > \phi > I > U$

---

10) 운율표현이 선형적이라는 주장은 Neelman & van der Koot(2006)가 Chomsky & Halle(1968)를 근거로 제안했다.

의미의 경우에서와 마찬가지로, 어떠한 조건도 운율경계를 원론적으로
금지할 수는 없으나, SM접합면이 음성요소들만 해석하기 때문에 운율
경계를 필요로 하지 않는다. 운율경계가 금지된 것도 아니고 그렇다고
꼭 필요한 것도 아니라는 사실은 (10)과 같은 음운 단순성 척도를 초래
한다.

> (10) 음운단순성 척도(Phonological Simplicity Metric)
>      운율경계를 적게 가진 구조가 운율경계를 많이 가진 구조보
>      다 더 단순하다.

(10)은 음보경계를 운율단어보다 선호하고, 운율단어를 운율구보다 선
호한다는 것을 의미한다. 예를 들면, 의미를 가진 두 요소는 (12)와 같이
두 개의 단어로 표현되기 보다는 (11)과 같이 한 단어로 표현되는 것을
더 선호한다.

> (11) $[_{PW}$ $Root_1$-$AF_2]$

> (12) $[[PW_1] \ldots [PW_2]]$

자연언어에서 운율적으로 풍부한 구조를 배제해야 한다는 논리적 근거
는 없다. 따라서 특정한 음성요소들을 배열할 때 운율구조가 복잡한 것
보다는 단순한 구조를 선호하는 것은 약조건의 선호도 문제이다.

## 3. 언어의 불완전성

앞 절에서 두 종류의 단순성척도를 제안했는데 이것들은 언어능력에 부여된 약조건들이다. 그러나 이러한 두 종류의 척도는 단지 운율구조가 적은 구조를 선호하는 SM의 선호도와 비해석 요소가 없는 구조를 선호하는 CI의 선호도만을 나타낸다. 그런데 자연언어는 이러한 단순성척도를 따르지 않는 훨씬 복잡한 특성들을 보인다. 예를 들면, 비해석성자질은 의미 단순성척도에 따르면 나타나지 않아야 하는데, 많은 언어들이 비해석 자질을 가진다. 이 절에서는 단순성척도에 맞지 않는, 그래서 마치 불완전한 특성처럼 보이는 네 가지 현상들을 다룬다. 결론적으로 이러한 네 가지 현상들은 SPVH의 결과이기 때문에 불완전한 특성이 아니라, 완벽성가설에 의해 예측된다.

### 3.1 이탈

어휘항목이 발음되는 곳과 의미해석을 받는 곳이 다를 수 있다는 것은 잘 알려진 자연언어 이탈현상이다. 예를 들면 많은 어휘항목들이 양화사인상, 화제화, 뒤섞기, 동사이동, 의문사이동과 같은 이탈현상에 관여한다. 이탈은 완벽성가설에 대치되기 때문에, 왜 어휘항목이 발음되는 곳과 의미해석을 받는 곳이 다른지 질문을 하게 된다. 여기서 주의할 것은 이러한 질문은 이탈이 원론적으로 자연언어에서 가능한지에 대한 질문과 다르다.11) 어떤 원리에 의해서도 어휘항목의 이동을 통한 재병합

---

11) Starke(2001), Chomsky(2005, 2008)는 이탈을 원론적으로 금하는 원리가 언어에 있을 수 없다고 주장했다. 그러나 이러한 주장은 여전히 그렇다면 이동 후에 어떻게 의미의 합성성이 영향을 받지 않고 유지될 수 있는지 설

을 막을 수 없다. 그러나 여전히 왜 자연언어에 이탈현상이 일어나는지는 설명이 필요하다. 이탈을 막는 원리가 없고 무제한 병합을 허용하기 때문에 이탈이 일어날 수 있다고 주장할 수도 있다. 하지만 실제 이탈이 그렇게 자유롭지 않고 사실은 많은 제약을 받는다. 따라서 이탈이 자연언어에서 가능한 현상이지만, 꼭 필요한 것은 아니다. 또한 꼭 필요한 것이 아니기 때문에 문법에서 제외된다고 볼 수 있다. 따라서 병합개념으로 이탈의 가능성은 설명할 수 있지만, 이탈의 필요성은 설명할 수 없다.

Chomsky(2005)는 이원적 의미부(dual semantics) 때문에 두 종류의 통사구조가 필요하다고 주장했다. 즉 외부병합을 통해서 논항구조를 표현하고, 내부병합을 통해서 담화특성을 표현하는 것이다. 이러한 주장은 많은 비평을 받았는데 특히 이원적 의미부에 대한 독립적인 동기가 없다는 것이다.[12] 또한 담화적 특성들이 외부병합에 의해서 표현될 수 없는 이유를 설명할 수 없다. 오히려 담화특성들이 외부병합에 의해서 표시되는 경우가 있다. 예를 들면, 독일어와 아랍어에서 화제를 나타내는 첨사들이 있다. 따라서 Chomsky의 이원적 의미부는 자연언어에서 이탈현상이 일어나는 이유를 설명하지 못한다.

## 3.2 비해석성 자질

비해석성자질도 원리적인 설명이 필요하다. 비해석성자질은 SM이나 CI

---

명할 수 없다.

12) 이원적 의미부를 반박하는 대표적인 논문으로 Moro(2000)와 Hinzen(2006)을 참조하라.

에서 해석되지 않는 것들이다. 그렇다면 자연언어가 이러한 해석되지 않는 요소들을 처음부터 왜 허용하는지 의문을 갖게 된다. 언어는 일견 잉여적인 요소들을 많이 가지고 있다. 예를 들면, 부정일치(Negative Concord)나 주어-동사일치와 같은 외현적으로 나타나는 일치현상이 편재한다. 완전해석(Chomsky 1995)에 따르면 비해석성자질들은 LF나 PF에 도달하기 전에 도출과정에서 삭제되어야 한다. 삭제는 적절한 해석 자질을 가진 가장 가까운 요소와 자질점검을 통해 이루어진다. 그런데, 자질점검자가 자질피점검자와 거리적으로 멀리 떨어져 있을 때는 Move가 일어난다. 이런 경우 Move가 일어나지 않으면 완전해석원리가 위배된다. 따라서 이탈은 잉여적 요소가 존재하기 때문이다. 즉 한 불완전성(예, 이탈)을 설명하기 위해서 다른 불완전한 요소(예, 비해석성자질)를 사용해야만 한다.

## 3.3 기능핵

자연언어의 기능핵은 유연한 분포를 보인다. 문장 안에 여러 개의 기능핵이 있다고 제안된 이후에 언어들이 어떤 기능핵을 외현적으로 가지고 있는가에 따라 분류되었다.[13] 어떤 언어는 특정한 기능핵을 가지는데 왜 다른 언어는 그러한 기능핵을 가질 수 없는가? 이 질문에 대한 제안들을 두 견해로 나눌 수 있다. 첫 번째는 전체 그림을 놓고 분석하는 구조보편적접근(cartographic approach)으로 모든 언어가 모두 같은 기능범주를 가지고 단지 어떤 핵을 외현적으로 나타내는지에 따라 언어들이

---

13) 문장 안에 여러 개의 기능핵을 설정하는 제안이 Pollock(1989)에 의해서 처음으로 소개되었다.

차이를 보인다고 주장했다. 이러한 주장이 옳다면 풍부한 기능구조가 보편적인 것이고 언어마다 다르게 실현되는 것은 매개변인적 차이로 설명할 수 있다. 그러나 이러한 접근은 어떤 언어에서는 외현적으로 나타나고 어떤 언어에서는 비외현적인가를 원리적으로 설명할 수 없다. 보편문법이 그렇게 복잡한 구조를 내재적으로 가지고 있다는 것을 설명할 수 없기 때문에 구조보편적 접근법을 반대한 부류가 있다. 이들은 특히 언어보편적 접근으로는 문장 안에 있는 기능핵들의 위치가 문제가 됨을 보여주었다. 즉 특정 핵범주는 보편문법이 예상하는 순서와 반대인 경우가 있다. 따라서 이들은 문장의 계층구조를 의미적인 동기로 설명해야한다고 주장했다. 보편적인 기능핵의 순서를 거부하고 기능핵들도 매개변인에 따라 차이가 있다고 주장했다. 그러나 이러한 주장도 역시 기능핵이 보편문법에 의해서 내재적으로 주어진다고 가정한다.

## 3.4 매개변인

마지막으로 언어가 소리와 의미를 연결하는 완벽한 도구라면 왜 많은 언어들이 그렇게 많은 차이를 보이는가? 왜 언어들의 형태통사부가 일치하지 않는가? 원리와 매개변인 접근(Chomsky 1981)이 이러한 질문들에 대한 답변을 제시했다. 즉 언어들의 차이가 무한대가 아님을 주장했고 언어들의 차이를 설명하는 매개변인 개념을 처음으로 소개했다. 그러나 문법의 차이가 일정한 수의 매개변인 때문이라는 것도 여전히 원리적으로 설명력이 없다. 오늘날에는 특히 매개변인의 수가 너무 많이 제안되었기 때문에 사실 매개변인 수가 한정적이라고 표현할 수 없는 실정이다. 따라서 매개변인에 의한 언어차이가 왜 일어나는지를 설명할 필요가 있다.14) 지금으로는 매개변인의 수가 얼마인지 확정할 수 없으나, 각각의 개별문법이 매개변인의 값을 설정함으로써 만들어진다는 것을 받아들이면, 매개변인의 숫자는 상당히 크다고 본다. 매개변인이 예상하는 것만큼 많다면 그만큼 매개변인의 내적 위상은 줄어든다고 본다. 이는 불가능한 것은 아니겠지만, 언어 진화나 생리적 해석의 관점에서 그렇게 많은 내재적인 매개변인을 어떻게 습득할 수 있는지 설명하기 어렵고, 또한 그러한 내재적인 매개변인의 습득에 관한 설명이 없다. 만약 언어의 차이가 매개변인에 의해서 제한을 받는다면, 매개변인 자체를 구성하는 특성들은 무엇인가? 매개변인이 왜 처음부터 존재하는가?

Baker(2001, 2008)는 매개변인을 미시매개변인(microparameters)과 거시매개변인(macroparameters)으로 구분했다.15) 미시매개변인들은 기능핵의 특정한 특성들로 다룰 수 있지만, 거시매개변인들은 언어군을 나누는 것들이다. 하지만 이러한 구분이 위에서 제시한 문제들을 해결하지 못한다. 첫 번째 문제는 거시매개변인들만 선천적으로 주어진다고 해도 왜 언어와 같은 완벽한 체제가 매개변인을 허용하는지는 여전히 의문이다. 중요한 것은 매개변인이 몇 개인가도 아니고, 어떤 형태로 만들어지는가도 아니라, 왜 매개변인이 처음부터 존재하는가이다. 두 번째 문제는 많은 매개변인들을 기능핵의 특성으로 설명할 수 있다할지라도, 기능핵의 어떤 특성들이 언어들 간의 차이를 설명할 수 있는지를 보여

---

14) Newmeyer(2004)에 의하면 매개변인이 100-150개 정도이다.
15) 이 두 종류의 매개변인 사이에 중간매개변인(mesoparameter)을 설정하기도 한다.

주어야 한다. 특히 기능핵을 결정하는 것이 무엇인가? 왜 자연언어는 기능핵들을 허용하는가? 왜 모든 언어가 동일한 기능핵을 가지고 있을 수 없는지 설명해야 한다.

## 3.5 제안

앞에서 언급한 네 가지 외견상 불완전한 특성들이 언어에 왜 나타나는지 설명하겠다. 언어가 소리와 의미를 연결하는 하나의 최적의 방법이기는 하지만 유일한 방법은 아니라는 것을 제안한다. 즉 접합면조건들이 서로 상충할 수 있다는 것은 이러한 조건들을 만족시킬 수 있는 문법들이 다양하다는 것을 의미한다. 이것은 언어들 간에 차이가 있을 수밖에 없다는 것을 이미 암시한다.

이탈은 두 개의 의미운용을 같은 한 자리에서 문자화하기 위해서 일어난다. 두 의미 기능이 한 자리에서 해석될 수 없다면 재병합을 통하여 통사자리를 만들어 각각의 의미 기능을 각각의 자리에서 표시할 수 있다.16) 이러한 제안은 이원적 의미부(dual semantics)와 유사한 것 같으나 실상은 그렇지 않다. 우리의 주장은 똑같은 하나의 통사자리에서 두 개의 의미기능이 표현되는 것은 SM의 약조건들 때문이다.

그러나 재병합(이동)만이 불일치하는 두 개의 의미기능이 한 통사위치에서 발현되는 것을 교정하는 유일한 방법은 아니다. 다른 대안으로 만

---

16) 예를 들면 두 개의 의미 유형(type)이 서로 일치하지 않으면 두 의미를 한 자리에서 해석할 수 없다.

약 두 개의 의미기능이 한 어휘항목에 표시된다면, 이 두 표지 중 하나는 의미적으로 무위(vacuous)할 수 있고 그래서 두 번째 의미기능으로 해석되는 음성적으로 추상적인 요소를 허용할 수 있다. 여기서 주목할 것은 비해석성의 개념이 들어오게 되며, 추상적인 의미기능을 허용하기 위해서 비해석성 형식자질을 수반해야만 한다. 따라서 음운 경제성과 의미 경제성의 불일치가 이동을 야기한 것과 같이, 그러한 불일치 때문에 자연언어는 잉여적 요소들(예, 비해석성자질)을 가진다.

마지막으로 기능핵과 형식자질의 관계성에 대하여 보자. 형식자질만 투사가 가능하고 한 언어의 기능핵들은 그 언어에서 형식자질이 가능한지에 달려있다. 이것은 "모든 언어의 형식자질이 동일한가?"라는 질문을 하게 한다. 여기서 우리는 형식자질들은 긍정적 증거에 의해서 습득되어져야 한다고 주장한다. 간단히 말해서, 어떤 자질이 형식자질이기 위해서는 이 자질이 비해석적인 경우가 적어도 한번은 나타나는 긍정적인 증거가 있어야 한다. 이것으로 언어들마다 기능핵의 범위가 다르다는 것을 설명할 수 있다. [F]라는 자질이 한 언어에서 형식자질 일 때만 F가 그 언어에서 투사된다. 따라서 어떤 언어가 [F]자질이 없다면 F를 투사하는 $F^0$가 없다. 이러한 예측을 지지하는 두 종류의 일치현상으로 부정일치(negative concord)와 양태사일치(modal concord)가 있다.

이러한 주장의 궁극적인 결과는 Move나 자질검검을 위한 Agree뿐 아니라 매개변인의 개념도 언어는 완벽한 체계라는 가설의 결과로 언어체계에 의해서 미리 주어진다. 따라서 자연언어는 소리와 의미를 연결하는 하나의 최적의 방법이라고 주장을 하게 되면 생리학적으로 내재한

지식을 언급하지 않고도 또는 자극의 빈곤의 결과에 대항하지 않고도 여러 가지의 다양한 언어 도구들이 가능하다는 것을 설명할 수 있다.[17] 이것은 Chomsky(2005)가 언급한 바와 같이 언어능력(FL)을 구성하는 제 3의 요소(Factor III)로 볼 수 있다.

## 4. 접합면조건의 불일치

앞에서 제시한 단순성척도 (6)과 (10)이 많은 경우 동시에 만족될 수 없다는 것을 제안한다. 좀 더 구체적으로 말하면, 두 개의 의미운용소의 유형이 일치하지 않는다면 이러한 의미표현들을 운율적으로 부족한 구조에서 문자화 하는 것이 불가능하다. 예를 들면 문법시제는 한정동사에 표시되는데 시제해석은 시제가 문자화되는 같은 자리에서 할 수 없다. 그렇다면 시제를 표현하기 위한 여러 가지 방법들이 자연언어에서 가능하다는 것을 의미한다. 예를 들면, 동사보다 구조적으로 높은 자리에 위치하는 부사운용사에 의한다든지(예, Greenlandic), 한정동사를 두 개의 다른 자리에서 병합을 하고 발음은 한 개의 복사체만 한다든지(예, French), 동사의 시제표지가 의미적으로 무위한 것으로 상위에 있는 비외현적 운용소가 실현된 순수한 영역표지자에 의한다(예, Dutch).

다음 예문을 보자.

---

17) 본 장에서 다루는 외견상 네 가지 특성들이 언어의 다양성을 표현하는 언어 도구로 간주된다.

(13) John loved Mary.

(13)의 문장은 두 개의 논항(*John*과 *Mary*)과 3인칭 단수와 과거시제를 나타내는 한정동사로 구성되었다. 동사와 관련해서 과거시제가 문장의 어디에서 해석되는지 생각해보자. 한정동사가 있는 제자리에서 과거시제의 해석이 일어난다는 제안은 의미적으로 맞지 않다. (14)에 주어진 의미해석을 참고하라.

(14) Wolfgang played tennis on every Sunday. (von Stechow 2002)
   = 'For every Sunday in Past c there is a time t at which Wolfgang plays tennis.'
   ≠ 'There is past time on every Sunday at which Wolfgang plays tennis.'
   ≠ 'For every Sunday, there is time before it such that Wolfgang plays tennis at that time.'

(14)의 해석에 따르면 과거시제는 동사 *play*가 해석되는 같은 자리에서 해석될 수 없다. 왜냐하면 과거시제는 전치사구 *on every Sunday*보다 범위가 넓고, 전치사구는 동사구보다 범위가 넓기 때문이다. 기술적으로 표현하면, *play*의 논리형태와 과거시제운용소($OP_{PAST}$)가 서로 일치하지 않는다.

따라서 *played*는 *play*의 의미와 과거시제의 의미를 동시에 나타낼 수 없다. 다시 말해서, 한 개의 접사( -ed)가 과거시제를 나타내는 것을 음성적으로는 선호하지만, 의미적으로는 문제가 된다. 그렇다면 (14)에서 과거시제 의미는 어떻게 해석되는가?

(14)에서 -ed가 과거시제를 나타내는 유일한 표지이기 때문에 논리적으로 두 가지 가능성이 있다. 첫 번째는 한정동사가 상위자리로 이동하지 않고 $OP_{PAST}$의 의미를 지닌 음성적으로 추상적인 운용소를 인허한다고 본다. 두 번째는 한정동사가 재병합을 통하여 상위의 복사에서 과거시제가 해석되고 동사의미는 하위복사에서 해석된다고 본다. 이러한 두 가지 가능성을 구조로 표시하면 (15)와 같다.

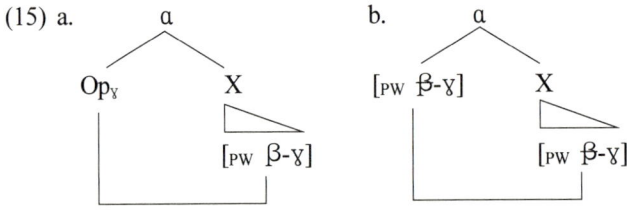

첫 번째 가능성은 Agree로 알려진 통사운용과 같고 두 번째 가능성은 Move를 반영한다. 또한 이 두 가지 방법들은 비해석성자질의 개념을 사용하지 않고는 실현할 수 없다는 것을 주장하겠다. (15)와 같은 두 가지 방법을 언급할 때 ɣ가 통사구조에서 한번 이상 나타나는 것을 의미하기 위해서 이중화(doubling)라는 용어를 사용한다.

## 4.1 비해석성 자질
첫 번째 방법인 한 개의 요소가 여러 개의 의미기능을 표현하는 경우를 보자. 앞 절에서 추상적인 운용소를 위한 추가의 구조가 음운론적인 경제성원리에 의해서 어떻게 도출되는지를 설명했다. 그러나 이러한 추가의 기능구조가 어떻게 구체적으로 만들어지는가는 설명하지 않고 단지 왜 추가의 기능구조가 있는지만 설명했다.

(15a)에서 $\gamma$ 자체가 의미를 수반하지 않지만 $\gamma$가 있다는 것은 추상적인 운용소 $OP_\gamma$에 의해서 성분통어된다는 것을 암시하는데 이것은 운율단어 [$\beta$-$\gamma$]의 특성이다. 따라서 [$\beta$-$\gamma$]는 추가로 특정한 특성을 가지게 됨으로써 아래와 같은 세 가지 기준을 만족한다.

(16) a. $[Op_\gamma \ [...[\beta\text{-}\gamma]...]]$
  b. $*[... \ [[\beta\text{-}\gamma]...]]$
  c. $*[Op_\gamma \ [...[\beta]...]]$

(16)에 따르면 [$\beta$-$\gamma$]가 $OP_\gamma$에 의해서 성분통어되면 문법적이고, 만약 $OP_\gamma$가 접사 $\gamma$가 없는 문장과 병합을 하거나 또는 접사 $\gamma$가 $OP_\gamma$에 의해서 성분통어되지 않으면 비문법적이다. 다시 말해서, 접사 $\gamma$는 의미적으로 무위한 가시적인 요소이며 LF에서 살아남기 위해서 자신을 관할하는 운용소를 필요로 한다. 이것은 마치 최소주의에서 비해석성형식자질 [uF]가 LF에서 살아남기 위해서 해석성형식자질 [iF]와 통사적으로 관계를 만들어야 하는 것과 같다. 즉 $\gamma$는 최소주의의 비해석성형식자질이 음성적으로 실현된 형태라고 생각할 수 있다.

그러나 본고에서 주장하는 것이 Chomsky(1995)의 주장과 동일하지는 않다. 비해석성자질은 의미적으로 무위(vacuous)하기 때문에 CI체계가 이러한 자질들을 인식하지 못한다. 반면 Chomsky(1995)에서는 비해석성자질이 LF에서 삭제되지 않으면 문장이 파탄한다. 결과적으로 우리의 주장은 비해석성자질이 LF에서 반드시 삭제되지 않아도 된다는 것이다. 비해석성자질들은 단지 통사부에서 적절하게 인허만 받으면 된다. 비해석성자질을 이런 식으로 해석하게 되면 미리보기 문제를 막을 수 있다. 비해석성자질들이 삭제되지 않아도 되기 때문에, 통사도출 과정에 아무런 역할을 하지 않는다. 비해석성자질은 전적으로 통사적 정보만 가진다.

이와 같은 비해석성자질의 정의를 바탕으로 (16)의 기준들이 어떻게 만족되는지 보자. (16a)는 $\gamma$가 가지고 있는 비해석성자질이 $OP_\gamma$에 의해서 인허되기 때문에 문법적이다. 주목할 것은 전통적인 자질점검과는 반대로, 여기서는 자질점검의 계층구조가 뒤바뀌었다. 즉 [uF]를 성분통어하는 것은 [iF]를 가진 요소이다.[18]

(16b)는 [uF]가 [iF]를 가진 요소에 의해서 반드시 점검을 받아야 한다는 정의 때문에 비문이다. (16c)는 좀 더 설명이 필요하다. 병합의 특성을 생각하면, 원리적으로는 [iF]를 가진 추상적인 요소가 [uF]를 가지지 않은 요소와 병합하는 것을 막을 수 없다. 그런데 이 문제는 여기서만 문제가 되는 것은 아니고 추상운용소 또는 넓게는 모든 추상적인 요소들에 적용되는 문제이다. 추상적인 요소를 꼭 필요할 때만 포함시키기도

---

18) Pesetsky & Torrego(2001, 2006), Adger(2003)는 독립적인 이유로 이러한 계층구조의 순서를 바꿔야 한다고 주장했다.

록 제한하기 위해서 아래와 같은 조건을 제안한다.

(17) 한 문장의 문법성을 그 문장의 어떠한 외현적인 요소들로
     설명할 수 없을 때만 비외현적 요소를 설정하라.

(17)은 자질점검이 문법성을 확인하는 기제라는 것을 전제로 한다. 즉
(17)은 어떠한 외현적인 요소도 비해석성자질 점검을 하지 않을 때만 비
외현적 요소가 나타날 수 있다는 것을 의미한다. 주목할 것은 (17)이 문
장이 비문이 되지 않기 위해서 추상적인 요소의 도입을 허용하는 조건
이 아니라는 것이다. 이것은 단지 어떤 문장이 문법적일 때 그 문장이
문법적인 것이 추상적인 요소 때문일 수도 있다는 것을 의미한다. 따라
서 (17)은 추상적인 요소가 불가피하게 필요한 경우에는 나타날 수 있다
는 것을 의미하기 때문에 약조건으로 다루어야 한다. 이것은 pro을 인허
하기 위해서 적용되는 경제성조건과 같은 것이며 추상적인 요소가 없으
면 문법성을 설명할 수 없기 때문에 추상적인 요소를 허용하는 것과 같
다. (17)를 받아드리면 (16c)를 허용하지 않는 이유를 유추할 수 있다.
즉 [uF]를 가진 ɣ접사가 없다면, OP$_ɣ$가 없는 문장이 문법적이다. 따라
서 (17)이 적용되지 못한다.

(17)의 위상은 어떤 문법모델을 받아들이는지에 달려있다. 표현모델에
서는 표현의 필터로 적용되기 때문에 (16c)와 같은 구조를 제외한다. 도
출모델에서는 (16c)의 도출을 막을 수 없고, 필터는 접합면에서 적용되
지 않기 때문에 (17)이 적절하게 적용될 수 없다. 그러나 (17)이 통사적
필터로 사용될 필요는 없다. Ackema & Neelman(2002)이 우측이동을

언어처리 관점에서 금지하기 때문에 통사부에서 제외하지 않는 것과 같이, (17)를 언어처리 제약으로 볼 수 있다. 따라서 문법모델에 따라 (17)의 해석이 다르기는 하지만, (17)이 적용되는 것 자체를 막지는 않는다.

지금까지 논의한 내용을 정리하면 다음과 같다. 두 개의 단순성척도에 따라 두 개의 의미 기능 β와 γ를 나타낼 수 있는 두 가지 동등한 방법이 있다. β와 γ가 문장의 각기 다른 위치에 나타날 수도 있고, 같은 한 단어에 표시될 수도 있다. 첫 번째 경우는 의미단순성척도가 만족되는 반면 두 개의 운율단어가 사용되기 때문에 음운단순성척도가 충족되지 않는다. 두 번째 경우는 β와 γ가 한 단어에 나타나기 때문에 두 개의 의미기능이 한 단어가 병합된 기저자리에서 해석될 수 없고, 두 개의 표지 중 하나는 추상운용소가 있다는 것을 표시하는 비해석성자질을 가진다. 이 경우 음운단순성척도는 충족되지만 [uF]를 가지고 있기 때문에 의미단순성척도는 충족되지 않는다.

## 4.2 이탈

그러나 추상적인 운용소를 사용하는 것이 음운단순성척도를 만족시킬 수 있는 유일한 방법은 아니다. 또 다른 방법으로 (15b)와 같이 두 개의 의미기능을 가진 요소를 상위자리로 이동하여 한 의미는 상위자리에서 다른 한 의미는 하위자리에서 해석한다.

V-to-C 이동이 의미 때문에 이동한다는 주장을 받아들여서 명령형태소에 의해서 동사이동이 일어나는 경우를 보자.19) 명령의미와 동사의 의

미가 같은 자리에서 해석될 수 없다.

> (18) Slaap neit!　　(Dutch)
> sleep not
> 'Don't sleep!'

(18)의 의미는 "네가 자지 않을 것을 명령한다"이다. 명령운용소는 부정보다 넓은 영역을 가지고 부정은 서술어보다 넓은 영역을 가진다. 이러한 의미영역은 이동이 위에서 정의한 대로 하나의 의미표지 방법이라고 가정하면 당연한 결과이다. 도출과정을 자세히 살펴보자.

먼저, 운율단어 전체 V-IMP가 상위자리에 복사(또는 재병합)된다.

> (19) [V-IMP] → [[V-IMP]...[V-IMP]]

운율동사의 형식, 음성, 의미 내용이 그대로 복사된다. 그러나 비록 병합이 무제한 적용될 수 있는 문법에서는 재병합이 언제나 가능하지만, 심각한 문제에 봉착한다. 의미적으로 보면 (19)에 적용된 운용은 의미합성성을 위배한다. 이러한 문제를 피하기 위해서 복사된 의미 자질을 삭제해야 한다. 원리적으로는 두 개의 복사 중 합성성만 지켜진다면 어느 복사의 의미내용을 지우는지는 문제가 되지 않는다. 한 개의 복사에서 모든 의미를 지우던지, 아니면 한 개의 복사에서 일부 의미만 지우고, 다

---

19) 이러한 V-to-C 이동은 Truckenbrodt(2006)에 의해서 제안되었고, Chomsky (1995)에서는 V-to-C 이동이 PF에서 일어난다고 보았다.

른 복사에서 나머지 의미를 지우던지 모두 논리적으로 가능하다. 동사와 화행운용소(이 경우, 명령)의 의미를 고려하면, LF에서 비해석성자질을 가지지 않은 유일한 방법은 명령자질은 하위복사에서 지우고, 동사자질은 상위복사에서 지우는 것이다. 즉 (20)과 같은 도출은 합성성 위배를 피할 수 있다.

(20) $[\text{V-IMP}_{[\text{V}][\text{IMP}]}] \rightarrow \text{V-IMP}_{[\text{V̶}][\text{IMP}]} ... \text{V-IMP}_{[\text{V}][\text{I̶M̶P̶}]}$

음성적으로 보면, 음성자질을 두 번 반복하는 것은 한 번만 표시해도 충분할 때 비경제적이다. 사실 이동은 음운단순성을 만족한다는 전제에서 일어난다. 그러나 의미자질이 삭제될 수 있는 것과 같이 음성자질을 삭제할 수도 있다. 최소주의를 따르면 하위복사의 음성자질이 삭제되어 실현되지 않는다. 그러나 의미삭제와는 대조적으로 음성요소가 두 번 문자화된다고 할지라도 SM의 강조건이 위배되는 것이 아니기 때문에 음성자질 삭제가 반드시 있어야 하는 것은 아니다. 이것은 어떤 언어는 의문사이동을 한 후에도 흔적이 발음될 수 있다는 것을 설명한다 (McDaniel 1989, Cheng 2000).

그러므로 재병합은 음성적 또는 의미적으로 문제가 없다. 그러나 (20)은 여전히 통사적 관점에서 문제가 있다. (20)에서와 같이 동사의 모든 자질이 상위복사에서 삭제된다면, 이동한 한정동사는 더 이상 한정동사로 분석될 수 없다. 그러나 이동한 요소는 여전히 동사의 범주를 가진다. 더 중요한 것은 한정동사가 어떠한 형식자질도 가지지 않는다면 어떠한 자질도 투사될 수 없다. 비록 상위복사가 동사의 의미특성들을 더 이상 가지지 않는다고 해도, 여전히 순수하게 동사의 형식자질을 가져야 한다. 다시 말해, 상위복사가 동사로 인정될 수 있기 위해서 형식자질을 가져야한다. 따라서 상위복사동사는 비해석성 동사자질을 가지고 하위복사는 해석성 동사자질을 가진다고 가정하는 것이 타당하다. (21)은 이동이 일어난 후의 도출이다.

(21) [V-IMP$_{[IMP][uV]i}$]... [V-IMP$_{[IMP][iV]i}$]

동사자질을 제외한 모든 자질들은 하나의 복사에만 나타난다. 동사자질은 두 개의 복사에 모두 나타나야 하는 형식자질이다. [uV]는 비해석성 자질이 있음을 나타낸다. 이것은 문장의 의미에는 관여하지 않고 [iV]를 가진 특정 요소와 통사적으로 관계를 가져야만 한다.

이동은 음운단순성을 만족하기 위한 적절한 방법으로 앞 절에서 언급한 일치현상을 정확하게 투영한다. 일치에서는 접사에 형식자질이 실현된 것이고, 이동에서는 어근 자체에 형식자질이 실현된 것이다. 이동을 이렇게 설명하면 두 가지 장점이 있다. 첫째로 왜 비해석성자질이 이동을 가능하게 하는지 설명할 수 있다. 만약 비해석성형식자질이 없다면 이동이 일어날 수 없다. 형식자질은 이동의 매개체 역할을 한다고 볼 수 있다. [uV]와 [iV]는 초기 최소주의에서 이동의 탐침-목표를 반영하면서 이동을 언어학적 단순성으로 설명한다. 두 번째로 비해석성자질에 의한 표지를 가능하게 한다. 비해석성자질이 없어도 이동이 가능하다고 가정해 보자. 그렇다면 원리적으로 의미단순성을 위배하지 않고도 이동은 일어날 수 있다는 것을 의미한다. 따라서 이동이 Agree보다 더 경제적인 방법이 될 수 있고, 결과적으로 Agree를 문법에서 제외시키는 결과를 초래한다. 그러므로 비해석성자질이 없으면 이동이 가능하지 않다는 주장이 자연언어에서 의미적으로 잉여적인 자질이 있을 수 있음을 설명한다.

결론적으로 Move와 Agree에 의한 이탈에서 비해석성자질이 중요한 역할을 한다. 비해석성자질이 없으면 Move와 Agree가 일어날 수 없음을 보여주었다. 이탈은 의미-음성 불일치의 결과이며 이탈을 위해서 형식자질이 반드시 있어야 한다. 따라서 이탈도 비해석성형식자질과 마찬가지로 접합면의 약조건들이 서로 충돌하여 생긴 결과이다.

## 4.3 기능구조

여러 언어학자들은 기능구조가 UG의 특성이라고 주장했다. 예를 들면 Cinque(1999)는 부사가 기능핵의 지정어자리에 나타난다고 주장했다.

Cinque의 분석은 두 가지 주장에 기초한다. 첫째 선택계층구조가 UG의 특성이다. 두 번째는 각각의 부사는 X-구조에서 특정한 기능범주가 투사한 자리에 위치한다. 여기서 우리는 부사의 통사적 특성은 논하지 않고 각각의 부사가 기능투사를 필요로 한다는 Cinque의 주장에 대해서만 언급하겠다.

모든 기능투사의 집합이 보편적이라는 Cinque의 주장과는 달리, 본고에서는 기능투사가 언어마다 다르다고 주장한다.[20] 즉 한 언어가 특정한

기능투사를 가진다고 해서 다른 언어에도 그 같은 기능투사가 있다는
것을 암시하지 않는다. 영어 부사 *often*을 가지고 두 견해를 비교해보자.
Cinque의 분석에 따르면 *often*은 Asp_frquentative(1)P의 지정어자리에 있고,
본고의 분석에 따르면 vP의 부가어자리에 있다. (23)에 나타난 두 분석
의 구조를 참고하라.

(23) a.

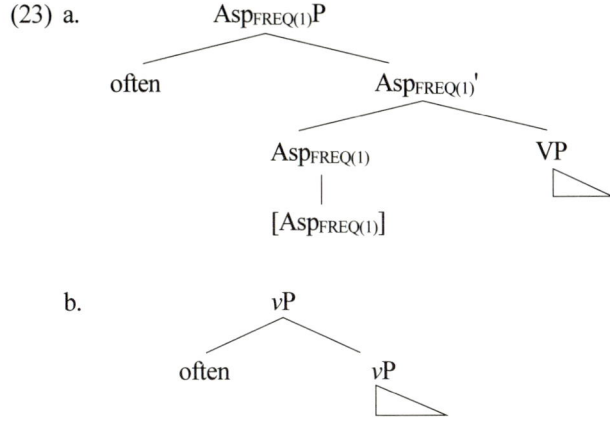

이러한 두 분석을 경험적으로 어떻게 구별할 수 있을까? Cinque는 인접
한 부사들 사이에 동사분사를 허용한다고 제안했는데, 이것은 모든 부
사 사이에 빈 핵자리가 반드시 있어야 한다는 것을 암시한다.

---

20) Acke et all(1993), Weerman & Neelman(1997), Koeneman(2000), Zeijlstra
(2008)도 같은 주장을 했다.

(24)

Da   allora, non hanno   <rimesso> di solito <rimesso> mica
since then   NEG have.3PL <put>       usually <put>      NEG
<rimesso> più     <rimesso> sempre <rimesso> completamente
<put> any longer <put>       alwayw <put>       completely
<rimesso> totto bene   in ordine
<put>       everything  in order
'since then, they haven't usually not longer always put
everything well in order'              (Cinque 1999:45)

그러나 이러한 주장은 부사투사의 수만큼 동사핵의 자리가 있다는 것을
보여주지 못한다. 만약 다중 지정어를 허용한다면 단지 두 개의 동사핵
만 가지고 (24)를 설명할 수 있다. 하나는 동사가 차지하는 자리이고, 또
다른 동사핵 자리는 비어있고 동사 다음에 오는 모든 부사들을 지정어
로 받을 수 있다.

(25) a. [$_{XP}$ ADV$_1$ X$^0$ [$_{YP}$ ADV$_2$ Y$^0$ [$_{ZP}$ ADV$_3$ Z$^0$ [$_{UP}$ ADV$_4$ U$^0$]]]]
     b. [$_{XP}$ ADV$_1$ ADV$_2$ X$^0$ [$_{YP}$ ADV$_3$ ADV$_4$ Y$^0$]]

그러므로 (23)의 두 가지 구조를 구별할 수 있는 유일한 방법은 (23a)는
특정한 형식자질 [Asp$_{Freq(1)}$]이 있어서 Asp$_{Freq(1)}$를 투사할 수 있다는 사
실에 기초한다. 대조적으로 (23b)에서는 이러한 자질이 있을 필요가 없
다. 영어가 특정한 형식자질들이 없다는 것을 보여줄 수 있다면 (23b)와
같은 구조가 존재한다는 증거가 된다. 그러나 그러한 자질들이 없다는
것을 증명할 수 없다면 (23a)와 (23b)를 경험적으로 구별할 수 없다. 그

리프로 (23)의 구조에서 어느 것이 옳은 것인지는 형식자질들이 UG에 기초하는지 아니면 $L_1$을 습득할 때 생기는 것인지의 문제에 달려있다. 형식자질의 부재가 핵심적이기 때문에 형식자질들이 UG의 특성이 아니라고 가정하는 것이 타당하다. 모든 형식자질들이 UG의 일부라고 가정하면 (23a)와 (23b) 모두를 허용해야 하지만, 형식자질들이 UG의 일부가 아니라고 보면 (23b)만 허용하게 된다. 본고의 분석이 맞다면 영어의 경우는 (23b)가 맞는 구조이다.

위의 주장은 단지 형식자질들만 투사한다는 것을 암시한다.[21] 통사운용은 통사자질에만 접근하는 것이 타당하지만 형식자질들만 투사된다는 것은 설명이 필요하다. 왜 형식자질만 투사되는가?

문법자질은 음성자질, 형식자질, 의미자질로 나뉜다(Chomsky 1995). 음성자질은 SM접합면에서 해석되며, 의미자질은 CI접합면에서 해석된다. 형식자질은 해석성자질과 비해석성자질 둘로 나뉜다. 해석성형식자질은 CI에서도 해석된다. 즉 해석성형식자질들은 의미를 수반하기 때문에 의미자질의 일부이다. 비해석성형식자질은 접합면에서 도출이 파탄하지 않기 위해서 해석성형식자질과 적절한 일치관계를 가져야 한다.

---

[21] 형식자질만 투사된다는 가정은 Giorgi & Pianesi(1997)의 모든 자질이 투사의 핵이 될 수 있다는 자질분산원리(Feature Scattering Principle)에서부터 시작된 일반적인 가정이다.

(27) Phonological features   Formal features   Semantic features

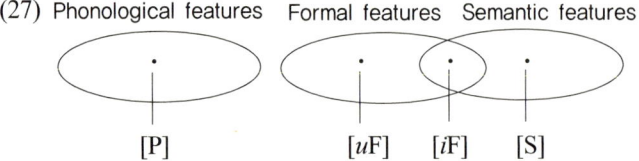

[P]                    [uF]    [iF]    [S]

형식자질집합이 UG의 초기상태에는 없다고 가정하자. L₁습득자는 어떤 자질이 형식자질인지 아닌지를 습득해야만 한다. 다시 말해 모국어 습득자는 특정한 어휘가 형식자질을 가지고 있다는 긍정적인 증거에 노출되어야 한다. 형식자질의 특성을 다시 살펴보자. 언어습득과정에서 어느 특성이 적절한 단서가 될 수 있는지 보기 위해서 형식자질의 해석성자질과 비해석성자질 둘 다 살펴봐야 한다.

해석성형식자질은 LF에서 해석되며 비해석성자질을 점검하는 두 가지 특성이 있다. 의미적으로 보면 (28)에서와 같이 해석성형식자질이 비형식의미자질과 구별되지 않기 때문에 해석성형식자질의 첫 번째 특성은 모국어 화자가 형식자질을 습득하는데 결정적이지 않다.

(28)  ‖ X ‖ = ‖ F[iF] ‖

또한 해석성형식자질이 비해석성자질을 점검하기 위해서 필요하다는 사실도 형식자질의 습득을 촉발시킬 수 없다. 해석성형식자질 [iF]는 [uF]가 없어도 아무 문제가 없다. 반면 [uF]은 [iF]가 없으면 문제가 된다. 그러나 이것은 부정증거에 의해서만 습득될 수 있는데 모국어 습득과정은 실제로 부정증거에 기초하지 않는다. 따라서 해석성형식자질의 특성들이 형식자질을 습득하도록 유도하지 않는다.

반면, 비해석성자질이 형식자질 습득에 대한 단서를 제공한다. 비해석성 형식자질은 의미적으로 무위하다. 비해석성자질은 해석성형식자질을 필요로 하고 이중화를 초래하기 때문에 Move와 Agree와 같은 통사적 운용을 초래한다. 이러한 특성들은 모국어습득자에 의해서 확인될 수 있고, 일명 이중화로 축소된다. 이중화의 정의는 (29)와 같다.

(29) 형태통사부에서 한 개 이상의 요소가 의미운용소 $Op_F$가 있다는 것을 외현적으로 표시할 때만 F가 이중화효과를 보인다.

따라서 형식자질이 있다는 것은 모국어 습득자가 비해석성자질이 있다는 것을 습득할 수 있기 때문이다. 비해석성 자질을 먼저 습득하고 그로 인해 파생되는 결과물로서 형식자질이 생긴다.

(30) 형식자질의 유연성가설(The Flexible Formal Feature: FFF Hypothesis)
특정 언어가 F자질과 관련하여 이중화효과를 보일 때만 형식자질 [i/uF]를 가진다.

(30)은 만약 과거시제가 과거시제와 관련해서 이중화를 보인다면 그 언어는 형식자질 [i/uPAST]이 있다는 것을 의미하고, 또 어떤 언어에서 부정(negation)이 부정과 관련해서 이중화를 보인다면 그 언어는 형식자질 [i/uNEG]을 가진다는 것을 의미한다.

형식자질들만 투사할 수 있다는 제안은 형식자질은 이중화를 초래하지만 의미자질을 그렇지 않다는 관찰에 기초한다. 이제 형식자질과 핵자질의 투사가 어떤 결과를 가져오는지 아래의 추상적인 기능 투사구조를 보자.

(31)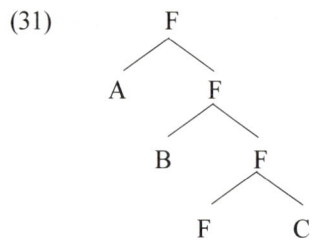

(31)에서 F의 투사는 F와 관련해서 이중화를 보인다. 한 개의 기능투사가 다층의 구조를 형성하며 각각의 핵에 해당하는 레이블을 가진다. 그러나 물론 F의 모든 경우가 의미운용소는 아니다. 예를 들면, NegP는 여러 개의 운용소를 가지지 않고 하나만 가진다. (23a)에서 *often* 하나만 부사로 해석되지 네 개의 요소(*often*, $Asp_{FREQ(I)}P$, $Asp_{FREQ(I)'}$, $Asp_{FREQ(I)}0$)가 모두 $Op_{AspFREQ(I)}$로 해석되지 않는다. 그런데 만약 의미자질들이 투사된다고 보면 이와 같이 잘못된 해석을 하게 된다. 따라서 형식자질만 투사되고 의미자질은 투사되지 않는다는 것을 이제 설명할 수 있다.

기능투사만 허용된다는 주장은 기능투사의 필요성, 특히 지정어-핵 일치와 같은 자질 중복성 같은 문법에서 잉여성의 문제를 다룬다. 병합할 때마다 표지가 필요하고 자질이 이러한 표지를 제공한다고 보면, 잉여성

문제가 즉시 발생한다. 그러나 이러한 잉여성이 독립적인 근거에 의해서 필요한 것이라면 문제가 되지 않는다. 형식자질은 이중화를 가능하게 하고 상충하는 접합면조건들을 다양한 최적의 방법으로 해결하기 때문에 필요하다. 이러한 형식자질들이 부산물로 기능투사를 초래한다면 문법에서 잉여성은 더 이상 문제가 되지 않는다. 오히려 자연언어에서 잉여성은 완벽성가설에서 자연스럽게 나오는 현상이다.

아직까지는 FFF가설이 입증되지 않았다. 이런 주장은 FFF가설을 경험적으로 시험해 볼 수 있게 한다. 만약 $F^o$가 나타나는 언어들이 F의 이중화를 보인다는 것을 입증할 수 있으면 FFF가설이 타당하다. 반면 $F^o$가 이중화를 보이지 않고도 나타난다면, FFF가설을 버리고 모든 형식자질이 모국어습득의 결과라기보다는 UG의 일부로 다루어야 한다.[22] 비해석성자질들이 습득될 수 있기 때문에 형식자질들이 습득될 수 있고, 기능투사의 가능성이 형식자질의 존재여부에 따라 결정된다는 것을 주장했다.[23]

여기서 구와 핵의 차이를 잠시 보자. 오늘날 최소주의에서 어휘항목은 그것이 핵인지 구인지를 표시하지 않는다. 그렇다고 핵과 구의 차이가 없다는 뜻은 아니다. 단지 차이는 $X^0$, X', XP가 더 이상 근원적인 것이 아니라 도출개념이라는 것이다. 핵은 [-Max, +Min]의 특성을 가지고, 구는 [+Max, -Min]의 특성을 가진다. 결과적으로 상대적인 최소주의의

---

22) 투사를 이중화의 하나로 가정한다.
23) 비해석성자질을 습득할 수 있다면 그에 상응하는 해석자질은 당연히 습득이 가능하다.

효과가 여전히 경험적으로 나타난다(Rizzi 2001, Starke 2001). 그러므로 핵과 핵이 아닌 것을 구분하는 방법을 여전히 적용할 수 있다. 예를 들면 핵은 자신을 넘어서 이동하는 핵이동을 허용하지 않고 부가어는 동일한 통사범주를 가진 두 요소 사이에 한 번만 가능하다.24)

FFF가설에 따라 형식자질이 이중화의 결과로 습득되고 형식자질들만 투사된다는 주장은 다음과 같은 보편문법을 위한 형판(template)을 만든다.

(32) $F^0 \rightarrow$ 자질과 관련하여 외현적인 이중화효과

FFF가설은 모국어 습득자가 형식자질을 습득하기 위해서 이중화를 필요로 한다는 것을 설명한다. 투사가 이중화의 한 방법이라고 가정하면 형식자질들만 투사가 가능하다. 그러므로 $F^0$가 외현적으로 실현되면 이것은 반드시 형식자질 [i/uF]를 가지는 것으로 분석되며 F와 관련된 이중화효과가 있어야만 한다.

여기서 (32)의 형판이 한쪽 방향으로 치우친 편향적(unidirectional) 형태이라는 점을 주목하라. (32)는 형식자질 [i/uF]이 있을 때는 언제나 외현적인 $F^0$가 있어야 한다는 것은 아니다. (32)는 단지 만약 $F^0$가 있다면 이중화효과가 있어야 한다는 것을 의미한다.

---

24) 핵이동조건은 Travis(1984)에서 제안되었고, 핵은 핵에 부가되고, 구는 구에 부가된다는 의미이다.

이러한 유연성 가설은 아직까지 많은 영역에서 검증되지 않았다. 그러나 지금까지의 논의는 형식자질의 FFF가설을 지지한다. 이제 구체적으로 두 개의 예를 보자.

부정(Negation)은 오랫동안 이중화를 보이는 것으로 다루어져왔다. 많은 언어들이 두 개의 통사형태적 부정요소가 한 부정의미를 나타내는 일명 부정일치(Negative Concord) 현상을 보인다.[25] Zeijlstra(2004)는 부정의 경우 FFF가설의 예측이 타당하다는 것을 보여주었다. 부정표지가 통사핵으로 나타나는 모든 언어는 부정일치 현상도 보인다.

또 다른 예는 양태성(modality)이다. 영어를 포함한 많은 언어에서 양태 조동사는 그 자체로 통사적 투사를 하지만, FFF가설에 의하면 이러한 언어들은 양태일치(Modality Concord)를 보여야 한다. Zeijlstra(2008)는 이러한 예측이 옳다는 것을 보여주었다. 즉 특정한 양태기능핵이 있는 언어는 모두 양태일치 현상이 나타난다.

기능구조는 언어마다 유연성이 있다. 그렇다면 기능구조가 왜 있는 것인지 의문을 제기할 수 있다. 왜 일부 언어들은 NegP나 ModP, AspP가 있는가? 이 질문에 대한 답은 각각의 언어가 의미운용소를 나타내는 특정한 방법이 있다는 사실에 기초한다. 접합면조건이 서로 상충할 수 있다는 사실은 한 의미운용소를 나타내는 방법이 다양하며 이러한 방법들은 동일하게 최적의 방법들임을 시사한다. CI의 관점에서 보면 (33)과

---

25) 부정일치에 대한 좀 더 자세한 분석은 Laka 1990, Haegeman & Zanuttini 1991, Ladusaw 1992를 참조하라.

같은 구조가 필요하다.

(33)
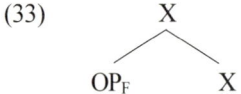

이 경우에는 추가로 기능구조가 필요하지 않다. 기능적용(Functional Application)이 적용될 수 있고 상위 X의 의미는 Op$_F$와 X로부터 직접적으로 나온다. F가 이중화를 일으키지 않기 때문에 이 언어는 어떤 형식자질도 포함하지 않으며 따라서 F가 투사될 수 없다. 이러한 구조는 (34)와 같은 구조이다((23b)를 반복함).

(34)
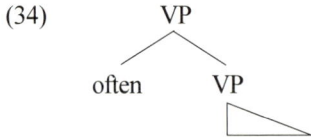

그러나 SM의 선호도에 따르면 같은 절점에서 여러 요소들이 문자화되는 것을 더 선호한다. 이것은 이중화를 필요로 하고 이중화는 형식자질이 있어야 한다. FFF가설을 받아들이면, 이러한 형식자질들은 이중화의 결과로써 습득되어진다. 따라서 만약 의미운용소를 표시하기 위해서 SM를 기초로 한 방법들이 추가의 구조를 요구한다면, 모국어 습득과정 동안 적절한 자질들이 형식자질로 분석되어 질 것이다. 형식자질들이 투사된다고 하면, 의미운용소를 표현하기 위하여 필요로 하는 이중화는 추가의 기능구조를 야기한다. 예를 들어보자. 부정표현은 형식자질 없이 표시될 수 있는 언어가 있고, 형식자질이 있는 언어가 있다. 두 방법 모

두 동등하게 경제적 방법이다. 그렇기 때문에 자연언어에 두 방법이 모두 나타나는 사실을 설명할 수 있다. 만약 부정표지가 부정운용소를 표현하기 위하여 사용된다면, 부정표지와의 병합의 결과로 추가적인 구조가 필요하다. Yiddish와 이탈리어의 경우이다.

(35) Ikh hob *nit* gezen *keyn* moyz       (Yiddish)
     I   have ~NEG~ seen   ~N-~   mice
     'I haven't seen any mice.'

(36) *Non* ha      telefonato a   *nessuno*  (Italian)
     ~NEG~ has.~3SG~ called   to  ~N-~body
     'He didn't call anybody.'

논증을 위해서 부정표지가 [iNEG]자질을 가지고 n-단어가 [uNEG]를 가진다고 가정하자. [uNEG] 때문에 VP와 부정운용소가 병합한다. 이때 병합의 표지(label)를 정해주는 원칙이 없다. V와 [iNEG] 둘 다 가능하다.

(37)       V/NEG
          /＼
     NEG     V

따라서 어떤 것이 투사하는지에 따라서 언어들이 차이를 보인다. 이탈리아어는 non이 투사하여 $X^0$ 특성을 보이고 NegP를 형성한다. 반면 Yiddish는 부정표지 투사가 없기 때문에 동사구의 지정어 자리에 오거나 동사구에 부가된다. 언어마다 기능투사가 다르다는 것을 원론적으로 막을 수 없기 때문에 언어마다 다르게 나타나는 것은 당연한 결과이다. 문법이 추가적 구조를 요구하지만 새롭게 형성된 구조가 어떤 표지 (label)를 붙여야 하는지에 대하여 제한을 부과하지는 않는다. 따라서 언어마다 표지(label)가 달라질 확률이 있다.

## 4.4 매개변인의 차이

지금까지 세 가지 언어의 불완전성, 즉 비해석성형식자질, 이탈, 기능투사의 유연성에 대한 설명을 제시했다. 언어들마다 이러한 특성에 있어 차이를 보이는 것은 접합면조건들이 서로 상충한 결과임을 주장했다. 또한 형식자질이 이탈이 일어나기 위해서 필요하고, 이탈은 의미운용소 표현을 위한 SM에 기초한 방법임을 보여주었다. 언어마다 기능투사가 다른 이유는 형식자질들만 투사가 가능하고 필요할 때만 습득되기 때문이라고 주장했다. 이러한 모든 주장들은 의미운용소들이 다양한 방법으로 표현될 수 있기 때문이다. 그리고 이러한 다양한 방법들은 모두 동등하게 경제적인 방법들이다. 이러한 주장은 SPVH로 요약할 수 있다.

(38) 초강력 매개변인적 차이 가설
    (The Strongest Parametric Variation Hypothesis: SPVH)
    초강력최소주의가 모든 범주의 매개변인적 차이를 지배한다.

이제 SOVH의 결과를 매개변인의 위상과 관련해서 검토해 보자. 매개변인을 내재적인 것으로 보는 것이 문제가 있다는 것을 서론에서 언급했다. 우리의 제안으로 보면, 매개변인을 내재적인 것으로 볼 필요가 없다. 언어마다 다른 방법으로 의미운용소를 표현할 수 있다는 사실이 이제 매개변인적 선택이 가능함을 설명한다. 모국어 습득자가 특정한 $Op_F$를 어떻게 표현할까를 결정하기 위해서 제일 먼저 해야 하는 선택은 특정한 형식자질이 있는지 없는지를 결정하는 것이다. 이것은 FFF가설에서 나온다. 형식자질이 없다면 모국어 습득자는 $Op_F$를 표현하기 위해서 더 많은 통사정보를 습득할 필요가 없다. 반면 형식자질 F가 있다면, 새로운 선택을 한다. 어떤 요소들이 [iF]를 가지고 어떤 요소들이 [uF]를 가지는지를 결정한다. 또한 [i/uF]가 언제 어디서 투사되는지에 대한 정보를 필요로 한다.

그러나 중요한 것은 모국어 습득자가 이러한 판단을 할 때 이미 앞서 판단한 것들을 기초로 한다. 따라서 매개변인들을 내재적이라고 가정할 필요가 없기 때문에 매개변인을 내재적인 것으로 볼 때 나타나는 문제들을 야기하지 않는다. 또한 우리의 제안은 여전히 매개변인적 차이를 한정하며, 매개변인에 대한 두 종류의 주도적인 견해, 즉 Baker(2001)의 매개변인 계층과 Borer-Chomsky(Borer 1984, Chomsky 1995)의 주장과도 조화를 이룬다.

Baker는 매개변인적 차이가 계층적이라고 주장했다. 즉 두 번째 매개변인의 선택은 특정한 방식에 따라 첫 번째 매개변인의 선택에 기초한다. 본고의 주장도 이와 같다. 차이점은 본고의 주장은 매개변인의 계층이 내재적이지 않고 습득된다는 것이다. 어떤 선택은 그 이상의 선택을 필요로 하고 또 어떤 선택은 그렇지 않다. 매개변인이 내재적이지 않다는 주장이 각각의 매개변인들이 서로 계층적이라는 사실을 부인하는 것은 아니다.

Borer와 Chomsky는 매개변인들이 기능핵의 특성으로 축소될 수 있다고 주장했다. 그러나 우리는 그 주장에 반대한다. 매개변인들이 UG의 일부가 아니기 때문에 기능핵은 UG에 속한다. "최초"의 매개변인들이 의미운용소의 특성으로 축소된다. 이러한 의미운용소들이 [iF]를 가지는 것으로 분석되어 질 때만 형식자질 [i/uF]을 가진 요소가 투사된다. 그리고 형식자질을 가진 요소가 투사될 때만, 그 언어는 기능핵 $F^0$를 가진다. 이러한 과정 후에 핵들이 좀 더 구체적인 매개변인을 위한 자리로 기능을 한다. Borer와 Chomsky는 매개변인적 차이가 어휘적 차이로 축소된다는 추론에 근거한다. 이러한 견해는 우리의 주장과 일치한다. 즉 의미운용소들은 일차적으로 어휘항목이며, 따라서 매개변인은 어휘적 차이로 볼 수 있다. 매개변인의 계층적 구조는 경험적으로 검증이 되고 또한 SPVH에 의해서 예측된다. 매개변인적 차이는 어휘적 차이라는 주장 또한 유지된다.

지금까지 논의를 종합하면, 다음과 같은 결론을 내릴 수 있다.

Chomsky의 초강력최소주의(SMT)가 전 범위의 매개변인적 차이를 지배한다.

첫째, SM과 CI의 경제성조건들이 다르기 때문에, 의미운용소를 표현하기 위해서 SM과 CI가 각각 다른 방법을 적용한다. CI에 기초한 방법은 다른 어휘항목을 사용하여 특정한 의미운용소를 표현한다. 반면 SM에 기초한 방법은 한 단어에 두 의미운용소를 나타낸다. 결과적으로 그러한 구조들이 LF에서 해석되기 위해서 이중화가 필요하다.

두 번째, 이탈을 허용하기 위해서 형식자질이 필요하다. 따라서 오랫동안 문제가 되었던 왜 문법에 잉여적인 요소들이 존재하는 지를 설명할 수 있다.

세 번째, 기능구조를 유연한 방식으로 기술하는 것이 가능하다. 형식자질들이 통사적으로 유연하다는 FFF가설을 제안했는데, 이 가설은 경험적으로 검증이 가능하다. 이 가설에 따르면 형식자질들이 UG에 존재하지 않고 언어입력에서 이중화의 효과로 습득된다.

네 번째, 형식자질들이 이중화의 효과로 습득된다는 주장은 왜 형식자질들만 투사되는지를 설명한다. 투사는 일종의 이중화현상이다. 형식자질만 투사한다는 주장은 형식자질의 통사적 유연성과 함께 기능구조와 관련해서 언어마다 차이를 보이는 것을 설명한다.

마지막으로 모든 문법적 차이가 RSMT에 기인한다는 제안은 매개변인에 대한 새로운 시각을 제시하며, 전통적인 매개변인의 장점들을 유지한다. 즉 매개변인적 차이는 한정적이고, 계층적으로 순서가 있고, 어휘에 표기된다는 것이다. 그러나 매개변인들이 내재적으로 존재하지는 않는다. 따라서 매개변인의 차이는 UG가 아니다.

물론 여기에서 제시한 문법모델은 여전히 많은 과제를 남긴다. 새로운 제안들이 아직 해결해야 할 문제들을 여전히 가지고 있지만 지금까지 문제가 되었던 것들도 많이 해결했다고 본다. 결론적으로 최근 최소주의가 추구하는 것과 같이 UG의 방향성에 초점을 두지 않고 접합면조건의 관점에서 문법의 많은 부분들을 분석했다.

# References

Abels, K. 2003. Successive-cyclicity, anti-locality, and adposition stranding. Ph.D. dissertation, University of Connecticut. Storrs.

Ackema, P. & A. Neelman. 2002. Effects of short-term storage in procession rightward movement. In *Storage and Computation in the Language Faculty,* Nooteboom, Weerman & Wijnen (eds.), Dordrecht: Kluwer.

_____ & F. Weerman. 1993. Deriving functional projections. *Proceedings of the Twenty-Third Annual Meeting of the North-East Linguistics (NELS 23)*, vol. 1: 17-31.

Adger, D. 2003. *Core Syntax: A Minimalist Approach.* Oxford: Oxford University Press.

Baker, M. 1996. *The Polysynthesis Parameter.* New York: Oxford University Press.

_____ 2001. *The Atoms of Language: The Mind's Hidden Rules of Grammar.* New York: Basic Books.

_____ 2008. The Macroparameter in a Microparametric World. In Biberauer (ed.).

Belletti, A. (ed.). 2004. *Structures and Beyond − The Cartography of Syntactic Structures*, vol. 3. New York: Oxford University Press.

Boeckx, C. & K. Grohmann 2007. Putting phases in perspective. *Syntax 10*: 204-222.

Borer, H. 1984. *Parametric Syntax: Case Studies in Semitic and Romance Languages.* Dordrecht: Foris.

Bresnan, J. 1971. Sentence stress and syntactic transformations. *Language*

47:257-81

_____ 1972. Stress and syntax:A reply. *Language* 48:326-42

Cheng, L. L.-S. 2000. Moving just the feature. In Lutz, Müller & Stechow (eds.) *Wh-Scope Marking*. Amsterdam: John Benjamins.

Chomsky, N. 1955. *The Logical Structure of Linguistic Theory*. Mimeograph, Harvard University, Cambridge, MA.

_____ 1975. *The Logical Structure of Linguistic Theory*. New York : Plenum Press.

_____ 1981. *Lectures on Government and Binding: The Pisa Lectures*. Dordrecht: Foris.

_____ 1986b. *Knowledge of Language: Its Nature, Origin and Use*. New York: Praeger.

_____ 1993. A minimalist program for linguistic theory. In Hale & Keyser(eds.).

_____ 1995. *The Minimalist Program*. Cambridge, MA: MIT Press.

_____ 2000. Minimalist inquiries: The framework. In *Step by Step: Essays on minimalist syntax in honor of Howard Lasnik*, Martin *et al.* (eds.).

_____ 2001. Derivation by phase. In Kenstowicz (ed.).

_____ 2004. Beyond explanatory adequacy. In Belletti(ed.).

_____ 2005. Three factors in language design. *Linguistic Inquiry 36:1-22*

_____ 2007. Approaching UG from below. In Sauerland & Gärtner (eds.).

_____ 2008. On phases. In Robert Freidin, Carlos P. Otero & Maria Luisa Zubizarreta (eds.).

Cinque, G. 1993. A null theory of phrase and compound stress. *Linguistic Inquiry 24*: 239-97.

_____ 1999. *Adverbs and Functional Heads: A Cross-Linguistic Perspective*.

New York: Oxford University Press.

Davidson, D.1967. The logical form of action sentences. In *The Logic of Decision and Action,* N. Rescher(ed.), Pittsburgh, PA: University of Pittsburgh Press.

Endo, Y. 2006. A Study of the Cartography of Japanese Syntactic Structures. Ph.D. dissertation, Universite de Geneve.

_____ 2007. *Locality and information structure: A cartographic approach to Japanese.* Amsterdam: John Benjamins.

Epstein, S. 2007. On I(nternalist)-functional explanation in minimalism. *Linguistic Analysis 33*:20-53.

Epstein, S. D. & T. D. Seely. 2002. Rule applications as cycles in a level-free syntax. In *Derivation and Explanation in the Minimalist Program*, S. D. Epstein & T. D. Seely (eds.), 65-89. Oxford: Blackwell.

Fox, D. 2002. *Economy and semantic interpretation.* Cambridge, MA: MIT Press.

_____ & D. Pesetsky 2005. Cyclic linearization of syntactic structure. *Theoretical Linguistics 31:1-45.*

Giorgi, A. & F. Pianesi. 1997. *Tense and Aspect: From Semantics to Morphosyntax.* New York: Oxford University Press.

Groat, E. M. & J. O'Neil 1996. Spell-out at the LF interface. In *Minimal Ideas,* W. Abraham, S. D. Epstein, H. Thráinsson & C. J. Zwart(eds.), Amsterdam: John Benjamins.

Grohmann, K. T. 2000. *Prolific Peripheries: A Radical View from the Left.* Ph.D. dissertation, University of Maryland, College Park.

_____ 2003. *Prolific Domains: On the Anti-Locality of Movement*

*Dependencies*. Amsterdam: John Benjamins.

_____ 2007a. Deriving dynamic interfaces. *Linguistic Analysis* *33*:3-19

_____ 2007b. Spelling out dynamic interfaces. *Linguistic Analysis* *33*:197-208

Haegeman, L. 1995. *The Syntax of Negation*. Cambridge: Cambridge University Press.

_____ & R. Zanuttini. 1991. Negative heads and the NEG-criterion. *The Linguistic Review 8*: 233-51.

Hale, K. & S. J. Keyser (eds.). 1993. *The View from Building 20: Essays in Linguistics in Honor of Sylvain Bromberger*. Cambridge, MA: MIT Press.

Heim, I. & A. Kratzer. 1998. *Semantics in Generative Grammar*. Malden, MA: Blackwell.

Hendriks, H. 1993. *Studied Flexibility*. Ph.D. dissertation, Universität Amsterdam.

Hinzen, W. 2006. *Mind Design and Minimal Syntax*. Oxford: Oxford University Press.

Hopper, P. J. & E. C. Traugott. 1993. *Grammaticalization*. Cambridge: Cambridge University Press.

Hornstein, N. 2005. What do labels do? Some thoughts on the endocentric roots of recursion and movement. Ms., University of Maryland, College Park.

Janssen, T. M. V. 1983. *Foundations and Applications of Montague Grammar*. Amsterdam: Mathematisch Centrum.

Kayne, R. S. 1994. *The Antisymmetry of Syntax*. Cambridge, MA: MIT Press.

Kenstowicz, Michael (ed.). 2001. *Ken Hale: A Life in Language*. Cambridge, MA: MIT Press.

Koeneman, O. 2000. *The Flexible Nature of Verb Movement*. Utrecht: LOT Publications.

Ladusaw, W. A. 1992. Expressing negation. *Proceedings of the Second Conference on Semantics and Linguistics Theory (SALT II):* 237-59.

Laka, I. 1990. Negation in Syntax: *On the Nature of Functional Categories and Projections*. Ph. D. dissertation, MIT, Cambridge.

Lasnik, H. 1981. Restricting the theory of transformations: A case study. In *Explanation in Linguistics: The Logical Problem of Language Acquisition,* N, Hornstein & D. Lightfoot (eds.), London: Longman.

_____ 2002. The minimalist program in syntax. *Trends in Cognitive Sciences* 6: 432-7.

_____, Uriagereka, J. & C. Boecks 2005. *A Course in Minimalist Syntax: Foundations and Prospects*. Malden, MA: Blackwell.

Lasnik, J. & M. Saito 1991. On the subject of infinitives. In *Papers from the 27th regional meeting of the Chicago Linguistic Society*, L. M. Dobrin, L. Nichols & R. M. Rodriguez(eds.), 324-343. Chicago: Chicago Linguistic Society. [Reprinted in *Minimalist analysis* (1999), 7-24. Oxford: Blackwell.]

Lechner, W. 2006. Linearization and locality. Lecture notes, Universität Stuttgart.

Legate, J. A. 2003. Some interface properties of the phase. *Linguistic Inquiry* 34:506-516.

Martin, R., D. Michaels & J. Uriagereka (eds.) 2000. *Step by Step: Essays on Minimalist Syntax in Honor of Howard Lasnik*. Cambridge, MA:

MIT Press.

_____ 2001. Derivation by phase. In *Ken Hale: A life in language*, M. Kenstowicz(ed.), 1-52. Cambridge, MA: MIT Press.

_____ 2004. Beyond explanatory adequacy. In *The cartography of syntactic structures: Vol.3. Structures and beyond*, ed. A. Belletti, 104-131. Oxford: Oxford University Press.

_____ 2005. Three factors in language design. *Linguistic Inquiry 36*:1-22.

_____ 2007. Approaching UG from below. In *Interfaces+recursion= language? Chomsky's minimalism and the view from syntax-semantics*, U. Sauerland & H.-M. Gärtner(eds.), 1-30. Berlin: Mouton de Gruyter.

_____ 2008. On phases. In *Foundational issues in linguistic theory*, R. Freidin, C. P. Otero & M.-L. Zubizarreta(eds.), 133-166. Cambridge, MA: MIT Press.

McCarthy, J. J. 1986. OCP effects: Gemination and antigemination. *Linguistic Inquiry 17*: 207-63.

McDaniel, D. 1989. Partial and multiple wh-movement. *Natural Language and Linguistic Theory 7*: 565-604.

Moro, A. 2000. *Dynamic Antisymmetry*. Cambridge, MA: MIT Press.

Müller, G. 2004. Phase impenetrability and *wh*-intervention. In *Minimality effects in syntax*, A. Stepanov, G. Fanselow & R. Vogel(eds.), 289-325. Berlin: Mouton de Gruyter.

_____ 2007. Towards a relativized concept of cyclic linearization. In Sauerland & Gärtner (eds.).

Munakata, T. 2009. Division of C-I and the nature of input, multiple transfer, and phases: Consequences of conflicting interphases conditions.

*Interfaces*. Oxford: Oxford University Press.

Neelman, A. & H. van der Koot. 2006. On Syntactic and phonological representations, *Lingua 116*: 1524-52.

Newmeyer, F. J. 2004. Against a parameter-setting approach to language variation. In Pica with Rooryck & van Craenenbroeck (eds.).

Nissenbaum, J. 2000. *Investigation of Covert Phrase Movement*. Ph.D. dissertation, Massachusetts Institute of Technology, Cambridge.

Ogihara, T. 2006. Tense, adverbials and quantification. In R. Zanuttin, H. Campos, E. Herburger & P. Portner(eds.), *Negation, Tense and Clausal Architecture: Cross-Linguistic Investigations*. Georgetown, DC: Georgetown University Press.

Partee, B. H. 1984. Compositionality. In F. Landman & F. Veltman(eds.), *Varieties of Formal Semantics*. Dordrecht: Foris.

Pesetsky, D. & E. Torrego 2001. T-to-C movement: Cause and Consequences. In Kenstowicz (ed.).

_____ 2006. Probes and syntactic categories. *Proceedings of the 7th Annual Tokyo Conference on Psycholinguistics*: 25-60.

Piattelli-Palmarini, M. & J. Uriagereka 2004. The immune syntax: The evolution of the language virus. In L. Jenkins (ed.), *Variation and Universals in Biolinguistics*. Oxford: Elsevier.

Pollock, J.-Y. 1989. Verb movement, universal grammar, and the structure of IP. *Linguistic Inquiry 20*: 365-424.

Ramchand, G. C. & R. Charles 2007. *The Oxford Handbook of linguistic Interfaces*. Oxford: Oxford University Press.

Richards, M. 2004. *Object shift and scrambling in North and West*

*Germanic: A case study in symmetrical syntax*. Ph. D. dissertation, University of Cambridge.

_____ 2007. On feature inheritance: An argument from the Phase Impenetrability Condition. *Linguistic Inquiry 38*:563-572.

_____ 2011. Deriving the edge: What's in a phase? *Syntax 14*:74-95.

Rizzi, L. 1986. Null objects in Italian and the theory of pro. *Linguistic Inquiry 17*: 501-57.

_____ 1997. The fine structure of the left periphery. In L. Haegeman(ed.), *Elements of Grammar: Handbook in Generative Syntax,* Dordrecht: Kluwer.

_____ 2001. Relativized minimality effects. In Baltin &Collins (eds.).

Sauerland, Uli & Hans-Martin Gärtner (eds.). 2007. *Interfaces+Recursion= Language? Chomsky's Minimalism and the View from Syntax-Semantics*. Berlin: Mouton de Gruyter.

Speas, Margaret J. 1990. *Phrase structure in Natural Language*. Dordrecht: Kluwers Academic Publishers.

Starke, M. 2001. *Move Dissolves into Merge: A Theory of Locality*. Ph. D. dissertation, Universite de Geneve.

Stechow, A. 2002. Temporal prepositional phrases with quantifiers: Some additions to Pratt and Frances (2001). *Linguistics and Philosophy 25*: 755-800.

Svenonius, P. 2001. Impersonal passives: A phase-based analysis. In *Proceedings of the 18th Scandinavian Conference of Linguistics*, ed. A. Holmer, J. O. Svantesson & A. Viberg, 109-125. Lund, Sweden: Travaux de l'Institut de Linguistique de Lund.

Szabó, Z. G. 2000. Compositionality as supervenience. *Linguistics and*

*Philosophy* 23: 475-505.

Travis, L. M. 1984. *Parameters and Effects of Word Order Variation*. Ph.D dissertation, MIT, Cambridge.

Truckenbrodt, H. 1995. *Phonological Phrases: Their Relation to Syntax, Focus, and Prominence*. Ph. D. dissertation, MIT, Cambridge.

_____ 2006. On the semantic motivation of syntactic verb movement to C in German. *Theoretical Linguistics* 32: 247-306.

Uriagereka, J. 1998. *Rhyme and Reason: An Introduction to Minimalist Syntax*. Cambridge, MA: MIT Press.

_____ 1999b. Multiple spell-out. In Epstein & Hornstein (eds.).

_____ 2002b. Warps: Some thoughts on categorizations. In Uriagereka (2002c.)

_____ 2008a. *Syntactic Anchors: On Semantic Structuring*, Cambridge: Cambridge University Press.

Weerman, F. & A. Neeleman 1997. *Flexible Syntax*. Dordrecht: Kluwer.

Williams, E. 2003. *Representation Theory.* Cambridge, MA: MIT Press.

Zeijlstra, H. 2004. *Sentential Negation and Negative Concord*. Utrecht: LOT Publications.

_____ 2008. On the syntactic flexibility of formal features. In Biberauer (ed.).

_____ 2009. Dislocation effect, uninterpretable features, functional head and parametric variation. *Interfaces*. Oxford: Oxford University Press.

# 찾아보기

**김연승**
서울대학교 영어교육과 졸업
서울대학교 대학원 영어영문학과 문학 석사
서울대학교 대학원 영어영문학과 문학 박사
현재 공주대학교 인문사회과학대학 영어영문학과 교수
yskim@kongju.ac.kr

**박연미**
이화여자대학교 영어영문학과 졸업
University of Michigan-Ann Arbor 언어학 석사
University of Wisconsin-Madison 언어학 박사
현재 국립한경대학교 인문사회과학대학 영어학과 교수
ympark@hkun.ac.kr

**서수현**
서울대학교 영어교육과 졸업
서울대학교 대학원 영어영문학과 문학 석사
서울대학교 대학원 영어영문학과 문학 박사
현재 공주교육대학교 영어교육과 교수
ssh@gjue.ac.kr

**최숙희**
한국외국어대학교 영어과 졸업
한국외국어대학교 대학원 영어학 석사
한국외국어대학교 대학원 영어학 박사
현재 한국과학기술원 인문사회과학과 교수
shchoe03@kaist.ac.kr

# 국면과 접합면 Phase and Interface

김연승 · 박연미 · 서수현 · 최숙희

**발행일**  2011년 8월 25일
**발행인**  이성모
**발행처**  도서출판 동인
　　　　  서울시 종로구 명륜2가 아남주상복합빌딩 118호
**등 록**  제 1-1599호
**전 화**  (02)765-7145, 55 / **팩 스** (02)765-7165
**이메일**  dongin60@chol.com / **홈페이지** www.donginbook.co.kr

ISBN  978-89-5506-479-7

**정 가**  10,000원

※ 잘못 만들어진 책은 바꾸어 드립니다.